問いかけの作法　チームの魅力と才能を引き出す技術

小团队高效沟通手册

〔日〕安斋勇树　著　〔日〕须山奈津希　绘　陈江　译

天津出版传媒集团
天津科技翻译出版有限公司

著作权合同登记号：图字：02-2025-060

图书在版编目（CIP）数据

小团队高效沟通手册 / (日) 安斋勇树著；(日) 须山奈津希绘；陈江译. -- 天津：天津科技翻译出版有限公司，2025. 5. -- ISBN 978-7-5433-4711-3

Ⅰ. C936-62

中国国家版本馆CIP数据核字第2025WL0328号

問いかけの作法 チームの魅力と才能を引き出す技術
TOIKAKE NO SAHOU TEAM NO MIRYOKU TO SAINOU WO HIKIDASU GIJUTSU
Copyright © 2021 by Yuki Anzai
Illustrations © by Natsuki Suyama
Original Japanese edition published by Discover 21, Inc., Tokyo, Japan
Simplified Chinese edition published by arrangement with Discover 21, Inc. through Chengdu Teenyo Culture Communication Co., Ltd.

出　　　版：	天津科技翻译出版有限公司
出 版 人：	方　艳
地　　　址：	天津市和平区西康路35号
邮政编码：	300051
电　　　话：	（022）87894896
传　　　真：	（022）87893237
网　　　址：	www.tsttpc.com
印　　　刷：	大厂回族自治县德诚印务有限公司
发　　　行：	全国新华书店

版本记录：880mm×1230mm　32开本　7印张　145千字
　　　　　2025年5月第1版　2025年5月第1次印刷
　　　　　定价：52.00元

（如发现印装问题，可与出版社调换）

此《小团队高效沟通手册》
献给致力于团队协作、追求高效沟通的你。

| 前言 |

有效发问，练就强大团队

无人发言的"守灵会议"

"来，大家说说对这个方案的看法。"

"请大家多多提意见！"

"今天我们畅所欲言！"

可项目成员们一脸漫不经心，躲开你的视线，你推我让，闭口不言。

"不用顾虑，请说吧。"

"哪位有想说的？"

场面恍如"守灵"的夜晚。你徒劳地呼唤，可无人发表观点，更不用说原本期待的"绝妙创意"了。

你希望大家独立思考；你也希望员工积极参与讨论，发表个人见解；你更希望团队中每个人都能尽职尽责，为团队做贡献。

许多负责人对团队的这些"期待"，大多无法如愿以偿。

因此，你迫不得已，只能把这些期待宣之于口。通过指示，甚至请求、直接"要求"团队成员发言。

"要主动发表自己的看法。"

"想法可以不用很好，但至少提出一个来吧？"

可你准会失望，因为旁人并不会满足你的要求。

"叫我提意见……我没什么意见，赞成。"

"不好意思，我再想想，您先问别人吧。"

当沟通陷入徒劳的循环，你费尽唇舌却一无所获。面对下属的消极应对，你或许会拍案而起抛出灵魂拷问：为何执行力持续低迷？工作目标为何难以达成？是否存在主观懈怠？面对平级或上级的推诿，你不便直言，只能向亲友发发牢骚，寻求情绪出口。长此以往，你终将被迫接受现状，与其期待他人的努力，不如亲力亲为更有效率；曾经对团队的期望在不知不觉中变成了失望。

改变"发问"本质，打造魅力团队

许多团队都存在这样的现象，即"**孤军奋斗的恶性循环**"。

成员彼此之间不抱期待的团队不可能产生优秀业绩，一旦陷入这种循环，团队的积极性和创造性就会不断下降。讽刺的是，越是优秀积极的人，越会在这个循环中抑制团队潜力，继而遭到孤立。

对本书的读者而言，理想的状态应该是孤立无援时，能与同伴齐心协力、共创佳绩，而非孤军奋战；希望团队伙伴们能够各展所长、各尽其才，而不是对你曲意逢迎或道歉。

孤军奋斗的恶性循环

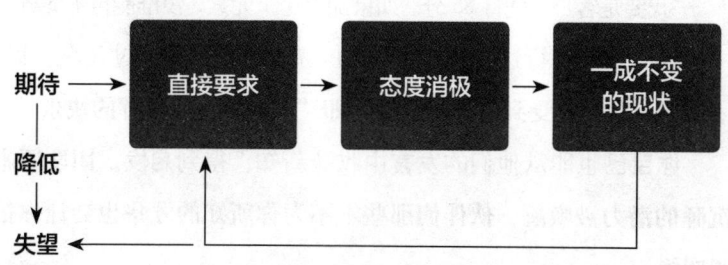

那么，如何才能不陷入这个恶性循环，打造高效团队和省力职场呢？

答案只有一个。

就是**提高向他人"发问"的质量**。

激发魅力与才能的"发问"技巧

我们回到开头的"守灵会议"。

假如把你的"呼唤"调整为如下的"发问"，效果会如何呢？

"如果这个方案**只修改一处**，应该改哪里呢？"

"如果你是客户，满分是 100 分，你给这个方案**打几分**？"

"奇思妙想的确很难说来就来。那就**现在想到什么**说什么吧。"

这其实是我主持"守灵会议"常用的技巧，也就是本书中提到的"**假设法**""**释义**""**为回答提供'垫脚石'**"等方法。

只要在"发问"上稍作调整，讨论氛围便会焕然一新。

03

成员们原本没有什么意见，闭口不言，渐渐地开始踊跃发言：

"方案内容挺好，只是标题有点怪。"

"我要是客户，就打 85 分。如果加上这个元素，没准能再加 5 分。"

若能反复进行这种经过调整的"有效发问"，经过几次会议，团队成员便会感受到**自己的个性，即"偏好"得以发挥的快乐**。

你自己也能从他们的发言中收获新知、得到启发。**团队原本沉睡的潜力被唤醒，伙伴们那些本不为你所知的才华也会让你拍手叫绝。**

成员之间充分信任的团队一定可以达成优秀的绩效。成功的会议经验越多，你对团队的期待越高，直到期待升华为信任。如此一来，不断提升团队协作效能的良性循环便形成了。

团队协作的良性循环

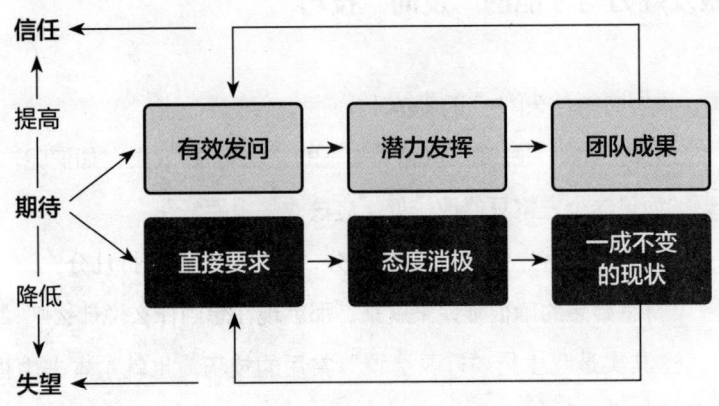

万能的"有效发问"

有效发问不仅有助于会议讨论、下属谈话,和同事、下属、领导及亲友的日常交流同样见效。因为对于那些与你协同工作的人,你每天发问的质量极大影响着他们的思想与情感。

而对于客户,即便他们曾是你谈判与说服的对象,如果能够有效发问,也能消除对立,使双方目标一致,协同合作。

今后的时代,工作靠的不是单枪匹马,而是促成协作,即**运用发问技巧,激发周围同伴的魅力与才能,完成个人无法达到的工作成果**。这是当代社会最为必需的技能之一。

也许有人担心,一味激发合作伙伴的才能,不是使他人得到赞赏,而自己遭到忽视了吗?

恰恰相反。较之只顾提升自身技能与业绩的人,善于有效发问、激发他人潜能的人会显得日益重要。

放眼世间,明星经纪人、体育教练、综艺节目主持人、商务顾问、编辑等群体日益受到关注,他们并非"自己提供答案",而是对他人巧妙发问,"激发他人的才能"。

通过有效发问增强团队实力,可以提高他人对你个人的认可,让他们愿意与你协同工作,对你所在团队的业绩充满信心,期待在你手下成长进步。同时,你的职业发展空间也将更为广阔。

最重要的是,激发他人潜能并与其协作,绝对比一个人独自努力要愉快得多。

发问造就奇迹，治愈口吃男孩

其实，我自己在团队中也不擅长发表观点或提出建议。回想过去，我上课时突然被老师点名提问却答不上来，这种体验给我留下了心理阴影，每当我冷不防地被要求发表看法时，就很容易过度紧张。

会议中被问及看法和建议时，我自认为不得不说些有价值的内容，为此倍感压力，以至于大脑一片空白。结果发言并不精彩，只能给出"有趣""挺好"等不咸不淡的回应。

经常在当天回家洗澡时，才突然灵光闪现，但为时晚矣。

我为此感到懊恼。因为反过来想，也许会上表现不佳并非因为我"思维不够发散"。假如会议环境像洗澡时那样轻松而没有压力，自己定能产生好想法贡献给团队……

大学时，我质疑学校一味向学生施加压力的做法，便摸索着能让学生自由施展才华的教育方式。后来，我专注于推广一种名为"工作坊"的学习模式并加以实践。

来我工作坊的孩子各种各样，有因小升初失利而丧失自信的，有不愿上学的，等等。

其中有个"口吃"的五年级小学生A。每逢小组活动，A在自我介绍时，总会磕磕巴巴的，说话不利索。可不知为何，即使全程一言不发，每回活动他都会参加。这种情况持续了约半年。

有一天，我在工作坊偶然提了个问题："你小时候最着迷的游戏是什么？"可能这个问题激活了A身上的某种潜能，他流畅地讲解了自己喜欢的游戏，滔滔不绝，震惊四座。自此，A 就像脱胎换骨一般灵感源源不断，创作出令大人都啧啧称奇的作品，让我记忆犹新。

那以后，我渐渐觉得，任何人身上都潜藏着魅力与才能。只是它们未必都得到充分发挥，有时只需环境稍作改变，便可激发出来。

带着这样的思考，我升入了研究生院，研究"学习环境设计"。同时，我聚焦发问技巧与效果，展开认知科学领域的实证研究，该研究已经持续了十几年。关于发问的重要性和设计技巧，我在前一部著作《发问设计：引导创造性对话》中进行了系统归纳。该书荣获"HR Award 2021"最佳图书奖，畅销一时。

现在，我以东京大学研究生院信息学院特聘副教授的身份继续进行相关研究，同时担任 MIMIGURI 公司的董事，帮助从初创公司到大型企业的各种组织激发创造力。

本书的结构

我把迄今为止的研究和实践成果应用于团队会议中的"发问"行为上，再把经验和思考总结成书，于是就有了这本《小团队高效沟通手册》。团队会议不仅包括集体讨论的会议，也包括 1on1[①] 的一对一面谈。

---

① 1on1：领导与下属定期开展的一对一面谈。

很多人也许明知发问的重要性，却不擅长设计问题。但是，**发问并非天性或品味那一类不可捉摸的东西，而是有法可循、能够清晰解释**并且**任何人都能掌握的技能**。本书所提出的"有效发问"模型，将说明如何分解有效发问所需的要素，再落实为人人都能操作的具体流程。

当然，仅仅"阅读"本书，是无法激发团队魅力与才能的。反复实践书中的理论，方能加深对理论与实操的理解。

建议不要急于读完，而是按章或按节阅读，同时反复进行"阅读""实践（应用于实际会议）""总结"这一循环，如此才能彻底消化并吸收本书的知识，从而显著提升沟通技能。

目录
CONTENTS

第1章 激发团队潜力,从问对问题开始 /001

    1-1 用发问激活团队动能 /003

    1-2 让业绩停滞的4个"现代病" /012

    1-3 将"个人成见"变为"团队偏好" /022

第2章 打开话匣子,让员工说出心里话 /033

    2-1 用情感引导唤醒员工积极性 /035

    2-2 让员工从"有口难开"到"畅所欲言" /042

    2-3 3个提问技巧构筑员工心理安全 /058

I

第3章　做富有洞察力的团队领导者　　/063

　　3-1　洞察员工的"隐性需求"　　/065

　　3-2　怎样发挥团队沟通的最大价值　　/083

第4章　发问切中要害，升级管理效率　　/095

　　4-1　用问题"高亮"会议中的创意　　/097

　　4-2　2个发问模式，将对话进行到底　　/118

　　4-3　化零为整，打造卓有成效的会议　　/142

第5章　用共情打造群策群力的团队氛围　　/153

　　5-1　与其泛泛而谈，不如成为团队焦点　　/155

　　5-2　用修辞改写命令，员工更配合　　/167

　　5-3　问后反馈，才是项目推动的开始　　/183

　　后记　"问"出团队潜藏的魅力与才能　　/199

第1章 激发团队潜力,从问对问题开始

你的团队平时发挥了多少潜力？每个成员是否都能充分施展才华？你们是否每天都积极沟通交流，齐心协力，发挥出一加一大于二的效果呢？

即使未能充分发挥也无须悲观，现在尚未发挥的潜力即是团队今后的成长空间。

在新旧时代交替之际，许多团队苦于无法顺利发挥自身潜力。本章将从"四个现代病"中探寻制约团队潜力发挥的原因。

理解了这些现代病的作用机制，制约团队潜力发挥的瓶颈也就一目了然了。让我们先深入理解问题的原因，再探究"发问"这一解决办法的具体作用。

1-1 用发问激活团队动能

01 团队潜力是什么?

本书所讲的发问之法,**能激发团队成员的魅力和才能,充分发挥团队潜力。**

本章在介绍具体发问技巧之前,先解读一系列问题的原因和时代背景,明确"发问"行为的意义。这些问题包括:团队潜力得以发挥的状态是怎样的?为何许多团队的潜力受到抑制?为何会产生集体沉默的"守灵会议"?

团队"潜力"究竟是什么呢?

潜力意为"潜在的能力",指的是还在沉睡、尚未显现的能力。

有句老话说,逆境出强者,烈火显神力。

它是指如果人遭遇危机,情急之下,便能举起平时绝不可能举起的重物。逆境会激发人的潜能,这种情节在少年漫画中很常见。

不过这并非迷信,它已经在体育科学中得到了证实。因为我们平时会不自觉地抑制自我潜能,以免身体负担过重。

再者,平时不常用的肌肉和关节会僵硬,使身体的每个零件无法充分利用。

这个道理同样适用于"团队"。

在你的团队中，每个成员的热情和能力都被充分调动了吗，是否无意间受到了抑制？他们的偏好是否被忽视了？

02 团队问题应归咎于领导还是下属？

我曾指导过许多团队会议，但也无数次深切地体会到，即使群英荟萃，团队也未必能够表现优异。

即使放任不管，也极少出现发言踊跃、"众人拾柴火焰高"的情况。每个人心中或多或少都潜藏激情，而在许多团队中，不少想法受到抑制，阻碍了团队潜力的发挥。

为什么会发生这种情况呢？是因为领导的人品或能力有问题，还是因为下属缺乏干劲或沟通技巧？

我认为，**团队问题的症结并不在于某个特定的人，而在于团队所处的时代环境，即庞大的"过渡期"**。

进而言之，这其中的秘密源于一个事实，即人类能够成功适应环境，是因为聪明且具有强大的学习能力。

03 支撑高效生产的工厂型组织

我认为，在当代社会，团队潜力发挥之所以受限，是因为人们已经**适应了工厂型组织形态下的工作方式**，而这种自上而下式的组织形态是上个时代所推崇的。

20世纪60年代后期,日本经济飞速发展,市场生机蓬勃,只要升级技术,改进产品,便能提高经营业绩。当时,许多产品持续畅销,市场风向标长期相对稳定,快速的小幅改进便能立竿见影。经济的飞速发展极大促进了生产。70年代后,因计算机普及,软件开发的方法论也有了长足进步。

这个时代的生产模式把作业工序分为"条件定义""外部设计""内部设计",以阶段性推进法为主流。我把这种工作模式称为"工厂型"。

在工厂型组织中,经营层确定"问题",基层人员探究问题的解决方案。为了高效开展业务,中层管理者负责监督业务流程。

工厂型组织中,团队的意义在于**高效分工**,因此,团队成员的职能需尽可能一致。工作流程自上而下明确后,每个成员应据此分工,准确、高效地推进作业,各司其职,各尽其责。在软件工程学中,这种工作方式也称为"流水线",意为工序如水一般自上而下流动。

今天,工厂型工作方式仍然奏效,许多组织仍需熟练运用这种工作方式,如销售团队以达成业绩目标为第一要求;制造业的传统业务是其主要收益来源等。但是我们需要循序渐进加以改善。

04 多样个性反复试错的工作坊型组织

我们所处的时代也常被称为"VUCA时代"。VUCA由不稳定性（Volatility）、不确定性（Uncertainty）、复杂性（Complexity）、暧昧性（Ambiguity）各自的首字母组成。

该词源自美国的军事研究，后引入商务领域。如今，昨天的常识，可能到明天就不再适用了。这个词就常用于说明变化剧烈、未来难测。

VUCA自多年前就在商务书籍中出现。2020年新冠疫情暴发，各种常识遭到颠覆，全世界都切身经历了VUCA。

在这种情况下，不应只以工厂型组织推进工作，必须逐渐向"**工作坊型组织**"转变。

工作坊型组织没有已经定义完善的精细设计蓝图。需要利用现有的材料和工具，动手操作，反复尝试，自己探索出合适的"目的"，工作坊才能运转生产。

早在现代化工厂诞生以前，这种方法就已出现。在现代社会，正确答案并不永远正确的情况不断增多，工作坊型组织也显得越来越灵活有效。

在工作坊型组织中，经营层的职责是**与一线员工沟通并探究理念**，同时鼓励一线员工在中层管理者的辅助下，自主发现问题并探索解决方案。

我们对素材与工具的固化认知，如认为"本应如此""就是如此"，以及过去的成功模式等，都会阻碍新创意的产生。工作坊型组织需要成员破除成见，反复试验，不断探索新的可能性。

另外，团队成员的存在意义也截然不同。工厂型组织中，团队是分工手段。一旦分派好工序，除进度共享和报告外，无须逐一沟通。

但工作坊型组织的奥妙正在于工作过程中的沟通。只以个人的专长和视角反复试验，成果难免有限，因此工作坊型组织会尽可能让团队成员的专长与偏好多样化。对于某些领域的知识技术，下属可能比领导更精通。而在明确必要工作内容的过程中，同伴之间会持续探讨，互相接受不同视角的刺激，从而摸索出团队整体的偏好。

尝试的结果有时可能不尽如人意，如对方与你看待事物的角度不同，他的看法你就不能理解或接受。但是，克服这些困难的过程充满了学问。试错的过程也包括经历失败，工作坊型组织的乐趣就在其中。

软件开发使用的是目前颇受关注的"敏捷开发模式"，这种工作管理方式与流水线型相对，它把职能多样的成员组成团队，通过简短工序反复验证假设，在吸取经验的同时不断推进开发。

需要注意的是，在当代社会，工厂型组织并没有失效。尤其大型组织中仍存在按部门划分职能的各种团队。如果企业的经营目标仅限于管理与改善，那么根据既定目标准确无误推进工作的工厂型组织仍不可轻易舍弃。

企业大多按照工种和职能把团队划分为工厂型和工作坊型，有些企业二者比例正好为7∶3，也有企业二者各占一半。

负责开拓新业务的团队或初创企业，也许有必要把组织整体切换成工作坊型。

然而，无论团队职能如何，纯工厂型组织今后都难以为继。

毫无疑问，我们正处在动荡的VUCA时代，一切变幻莫测、正解难寻。对自上而下的指示不假思索，一味地言听计从，势必让个人和团队都难以顺利推进工作。

由工厂型转向工作坊型

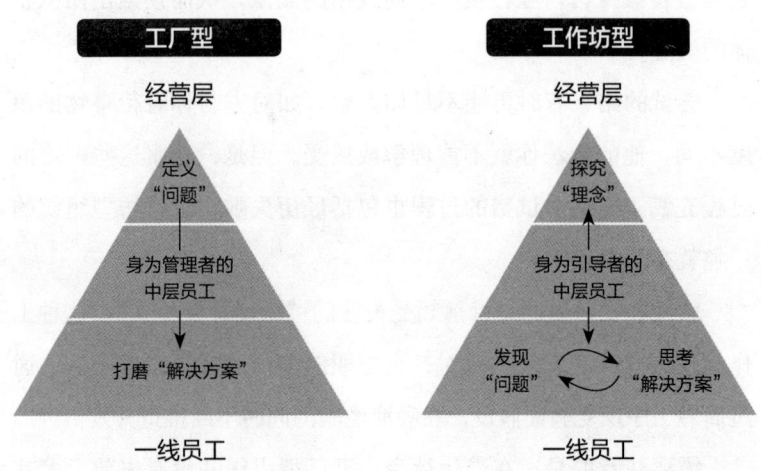

如今，过往的经营思路和职业理念正不断受到质疑。因此，任何工种、岗位，都需要尝试独立思考自己所从事工作的实质与意义，通过自己的努力寻找令人信服的答案。而在独木难支、孤掌难鸣的当今社会，这种尝试需要的是协同作战，而非孤军奋斗。

然而，工厂型思维历史悠久，深入我们的骨髓，难以轻易抽离。如果转向工作坊型组织的态度不够坚决，深刻的惯性会让我们瞬间变回工厂型组织。

为何我们希望转变为工作坊型组织的愿望总是落空？下节内容将分析阻碍团队潜力发挥的根本原因。

工厂型与工作坊型的区别

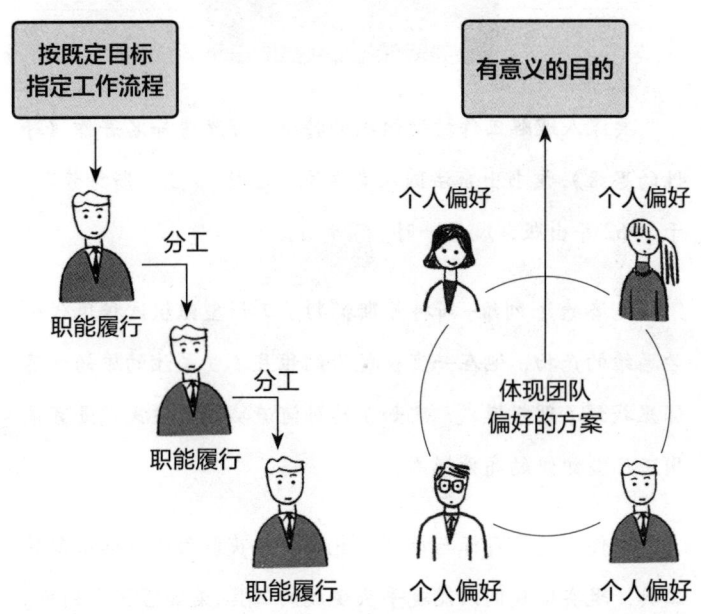

工厂型	工作坊型
自上而下确定工作流程	独立确定目标
从头到尾按照既定流程工作	工作推进过程中持续微调
尽量复制过往成功案例	打破常规，积极实验
团队协作、高效分工	团队中融合多样个性
惧怕失误，确保流程精确	乐于试错，总结经验

COLUMN
野性思维与修补术

要深入理解工作坊型组织的特征，可参考知名著作《野性的思维》，该书出自法国人类学家克洛德·列维-斯特劳斯，于1962年出版，风靡一时。

克洛德·列维-斯特劳斯批判了工厂型组织这种现代科学思维的产物，他在一直被视为幼稚且不受关注的原始部落那里找到了理想模式，比如亚马孙河流域的原住民就没有采用工厂型组织的高效模式。

即使制定了目标与计划，也未必能获取为达目标所需的工具。现实中我们只能就手头现成的工具，看能否派上用场。那些工具也许只是随手留下，以备不时之需罢了，所以不会刚好合适。这个不行就试试另一个，如果全都没用，手头的工具能做出什么就做什么，以现成之物应急。

以日常生活为例，我们用冰箱里剩余的食材、偶然从附近超市买的折价食材制作晚餐，结果菜肴成品仿佛正合己愿。这种做法通过灵活组合手头资源，完成当下可行的目标；它不预设目的，而是让目的自发显现。

列维-斯特劳斯把未开化人拼凑工具修补物品的工作方式称之为"修补术"。他坚信这种思维方式对人类而言更具创意且更普遍,并试图为"野性思维"正名。

同时,列维-斯特劳斯把根据既定目标和计划进行科学生产的工作方式称为"工程",他强调,对人类而言,"工程"才是不自然且特殊的工作方式。

按照"工程"式思维,一旦确定"晚餐做牛排"的目标,便不再变更,直奔超市购买牛肉。如果牛肉售罄,为达目标,只有去其他超市。汽车制造必须依照既定的设计流程,即使中途零件不足,也不能半途而废。这就是与修补术思维相对的工程式思维。

列维-斯特劳斯的核心主张是:在复杂的现实世界,修补术思维更具创造力。用他的话说,把组织由工厂型转变为工作坊型,也许就等于唤醒团队中野性的创造力。

1-2 让业绩停滞的 4 个"现代病"

05　人类强大的环境适应能力及其副作用

许多日本企业花费数十年时间，致力于精进工厂型工作方式所需的技术和习性。毕竟迄今为止，工厂型都是最有效的工作方式，努力熟习也是理所当然的。

人类本就拥有非常优秀的学习能力，即环境适应能力。另外，学校教授的课程也为培养工厂型人才提供了最好的资源。长久以来，我们的能力和素质渐渐适应，直至能够轻松胜任工厂型的工作。

而适应过程中产生的副作用，就是工作方式渐渐僵化，积习难改，难以在新旧时代交替之际顺利转变为工作坊型组织。

总的来说，适应工厂型组织导致的"现代病"主要有四个。

适应工厂型组织环境导致的"四个现代病"
1. 判断自动化导致思维固化
2. 分工导致关系固化
3. 防止违规导致冲动枯竭
4. 专注手段导致目的流于形式

06　现代病一：判断自动化导致思维固化

工厂型组织要求尽可能快速高效地推进工作，因此我们逐渐学会自动处理许多思考过程，以便在各个工作环节中能不假思索地自动决策。这是适应环境的表现之一，即"**判断自动化**"。

如同我们学习"红灯停，绿灯行"这一基本规则。起初，我们每次都要仔细观察指示灯颜色，再决定通行与否。但渐渐地，我们不用思考就能做出判断。到现在，就算过马路时还在漫不经心地想着晚餐吃什么，也能顺利通过了。

如果每次经过十字路口时，都耽于哲学性思考，如"我看着是绿灯，也许旁人看着是红灯""何谓安全？"等，那就很难快速到达目的地了。

工厂型组织要求敏捷高效的工作方式，所以"判断自动化"是非常有效的策略。人们长年累月地努力适应这个策略。

然而，工作坊型工作方式要求不断探索新的可能性，所以**自动化判断的结果有时会成为阻碍新想法产生的"成见"**。

前述"红灯停、绿灯行"的规则已纳入道路交通法，似乎并没有可质疑的地方。但是，敢于提出"就算是绿灯，也未必绝对安全吧""肯定存在一定数量无视信号灯的汽车"等问题，无论是对保护自身安全，还是加深社会共识，都有一定积极意义。

工作坊型组织鼓励对原本理所当然的常识发起质疑，持续探究其真实性和其他可能性。我们将这种态度称为"**质疑成见**"。

在组织中，长年累月专注于"一种工作"的人，所掌握的与自己专业有关的知识与规则就越丰富。这也是工厂型组织准确无误高效产出的"强有力武器"。

而在没有正确答案,变化莫测的社会环境中,因循守旧会阻碍新思路的产生与新挑战的实现。过去的"武器"俨然成为未来的"枷锁"。这就是"判断自动化"导致的现代病,即"思维固化"。

 现代病一

固化思维

拘泥于由经验形成的成见,导致新思路难产的状态。

07 现代病二:分工导致关系固化

工厂型组织需要团队分工协作。

而人类有一种不可思议的能力,就是即使彼此理解并不深入,也能结群协作。

比如,你以前的同学里,或许有推心置腹的好友,但应该也有泛泛之交。交情必定有深有浅。

但是,一旦需要合作策划文化节的表演节目,即使彼此并不熟悉,只要分配好任务,也能较好完成。

小组或协会活动、邻里事宜也一样。在许多场景中,人们就算不熟悉对方的才能和价值观,也能在保持一定距离的同时协同合作。

我们对陌生人敬而远之，可只要对他人"稍有了解"，便能迅速假设对方的为人，卸下防备，与其协作。

这就是适应环境的另一种表现，即"分工"。

团队成员最好在团队形成初期便熟悉彼此的偏好。否则，一旦放任"分工"的状态不管，团队内便可能生出一些偏见，诸如"那个人不积极""那个人不服从我的指挥"等，这会导致关系恶化。

▶催生"自以为是"和领导与下属的分歧

以前，在某家电厂商 X 公司担任部长的 A 先生向我咨询，表示自己正苦恼于公司的工程师头脑僵化，缺乏创意。即使他希望摆脱工厂型工作方式，要求一线人员建言献策，却难以顺利转变为工作坊型组织。

但我向他下属的工程师 B 先生一了解情况，发现下属也有他的烦恼。B 表示自己的领导不懂最新技术，头脑僵化，提了建议也不采纳。

彼此都认为对方"头脑僵化"，对对方不抱期待，放弃沟通，与"前言"中提及的"孤军奋斗的恶性循环"如出一辙。无法如愿指挥团队的"苦恼领导"，与之相对的，是能力无法充分发挥的"憋屈下属"。他们只是自以为了解彼此，但并未真正互相理解。

假如止步于工厂型分工协作的工作方式，放任这种状态也未尝不可。但工作坊型组织鼓励成员彼此交流尚无定论的"不成熟想法"。每个人的想法背后都有预设的"隐形前提"，如果组织环境不能支持彼此深入理解这个前提，便无法转变为工作坊型组织中那种融合多元视角的沟通方式。

这就是分工导致的现代病，即"关系固化"。

 现代病二

关系固化

分工催生自以为是的刻板印象，导致团队成员之间缺乏深入理解的状态。

▸ 对话与讨论的区别是什么？

"对话"这一沟通形式在本书多次出现，我们将拿"讨论"与其对比，厘清其实质。要转变为工作坊型组织，明确"对话"和"对话关系"的内涵是很重要的。

讨论（discussion）

所谓讨论，就是为达成团队共识与决策而进行的建设性沟通。在工厂型组织里运用得最为广泛。这种沟通方式注重表达的逻辑性、观点的正确性，旨在得出"团队的最优结论"。

对话（dialogue）

对话是在较为自由的氛围中进行的。与讨论截然不同的是，对话不谋求从逻辑严密和正确无误的观点中得出"团队的最优结论"，它更注重深入理解每个成员想法背后的含义。

即使观点不同，也不急于反驳或评判，而是对观点背后隐藏的前提和价值观感兴趣并试图理解。如为何持这种观点？观点体现了何种价值观？

两相比较就能明白，"对话"在工作坊型组织中不可或缺。因为这种沟通方式更注重理解彼此的多元偏好，继而将其升华为团队的整体偏好。

在对话中思考观点背后的前提和价值观

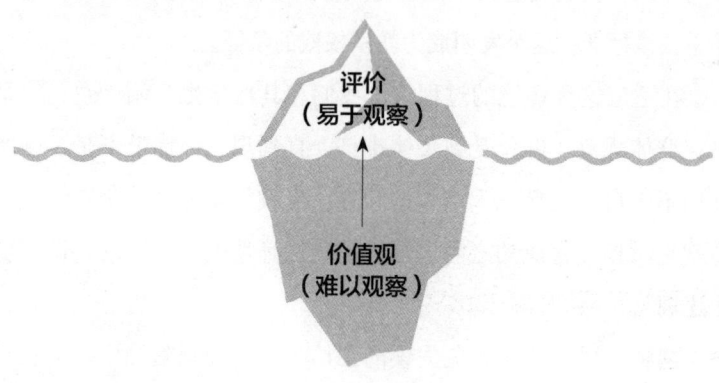

08 现代病三：防止违规导致冲动枯竭

工厂型组织要求尽量准确无误地遵循业务规范以推进工作。

但人不是机器，不可能绝不犯错。为了培养适应工厂型组织的人才，只能精益求精，挑战人类天性的极限。所以传统学校教育便把防止学生犯错作为最高原则，注重给予负面评价。比如客观题考试中,即使深刻理解了考查的知识点,只要涂错答题卡,照样扣分。

明确了标准答案,一旦失败便收到负面反馈。长此以往,学生自然偏向保守,**不求创新但求无过**。

除此之外,传统学校教育所设计的教学环境也注重对学生施加压力,好让他们保持步调一致。比如老师要求学生往前看时,几乎所有学生都会转向讲台方向的黑板。虽然空间中的"前后"方向并未得到明确定义,但所有人都会不假思索地认定何为前方,并遵从该标准。这个发明成为教室权威的象征。

在适应这种环境的过程中,我们和其他学生步调一致,尽量恪守群体规范,以免受到集体排挤。直到现在,你是不是上厕所前仍不由自主地想征求别人的同意?当我们本能地抑制本性,或许就是学校教育成功之时。这也是适应环境的一种表现,即"**防止违规**"。

这种品质在注重避免失误的工厂型组织中受到推崇,但在鼓励实验的工作坊型组织中,就会成为致命的枷锁。另外,假如团队中"关系固化"严重,防止违规的倾向就更明显。

前面的家电公司就是典型的例子。被领导认定为头脑僵化的工程师,在工作中还能主动发表奇思妙想吗?

在这种情况下,除非意志坚韧,否则势必丧失积极性。"说了也不会被采纳""想了也实现不了",诸如此类的负面情绪浮上心头,即使灵光闪过,跃跃欲试,也可能默默压在心底,不会宣之于口。

如此一来,"防止违规"就催生了"**冲动枯竭**"这一现代病,进而阻碍团队成员的积极性。冲动是源自人类内心的欲望，任何人从小便具备这种本能。然而，对不合规范的惧怕，彼此关系的固化，都会阻碍我们主动思考与行动，抑制我们天然的冲动。

如果人在职场中的冲动长期枯竭，便会在"工作之外"，也就是亲友关系或兴趣爱好中满足自己的冲动。

充实私生活当然很好，但如此难得的创造力却难以在工作中施展，实在是暴殄天物。

 现代病三

冲动枯竭

团队成员的主观能动性受到抑制，难以产生主动行动或个性思考的状态。

09 现代病四：专注手段导致目的流于形式

工厂型组织要求按照既定业务规范和工作计划有条不紊地推进工作。即使是专业性要求较高的工作，也需利用前述的"判断自动化"熟练应对，以便快速高效处理工作。为适应这种工作要求，我们便以"专注手段"的策略应对。

伊索寓言中有则家喻户晓的故事——"三个砖瓦匠"。

在中世纪的某个欧洲小城，一个旅人看到三个砖瓦匠在砌砖。

他问三个匠人："你们在这里干什么？"我们不知道旅人为何突然这样问，但三个匠人的回答意味深长。

三个砖瓦匠

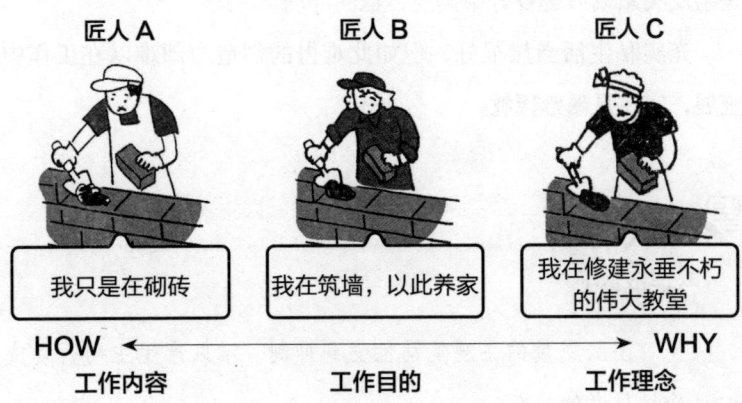

第一个匠人表示"如你所见，我在砌砖"。第二个匠人表示"我在建一面高墙，靠这份工作养家"。

而第三个匠人则回答"我在建造一座永垂不朽的伟大教堂"。他们的回答可以总结为：第一个匠人答的是"工作内容"，第二个是"工作目的"，而第三个，则是"工作理念"。

这则寓言常常用来说明保持工作激情的重要性。教育我们要像第三个匠人一样，注重工作背后的目的（Why），而不是作为手段本身的方法（How）。

但值得关注的是第一个匠人。诚然，第三个匠人格局之大令人钦佩。然而，即使不对工作赋予那样的意义，光是坚持不懈地砌砖，就足以证明人类适应环境能力之强大。换言之，**即使我们不明白工作的意义、目的何在，也能够专注于手段本身，将工作继续下去**，这就是所谓"专注手段"的环境适应能力。也许这也是拜传统学校教育所赐，毕竟我们即使不明白为何要学习那些被细分后的学科，也仍沉迷于努力提高考试成绩。

专注手段的现象在现代企业中普遍存在。人们很少思考做这个业务或项目的目的是什么？甚至这家企业存在的意义是什么？

近年来，受新冠疫情的影响，越来越多的企业对经营事业的意义产生怀疑，开始重新审视自己的企业理念。然而，如同我们不会深思"每天刷牙"的意义一样，对于眼前的日常生活，我们很少反思其目的。

目的在确立之初必定饱含激情，但渐渐失去了作用。这是"专注手段"引起的副作用，即让目的流于形式。

这对工厂型组织或许并无影响，但工作坊型组织要求团队成员能够自己不断发现目的。

现代病四

目的流于形式

目的与手段割裂，手段本身成为目的，不再体会到工作意义的状态。

1-3 将"个人成见"变为"团队偏好"

10 影响团队潜力发挥的关键：偏好与成见

"思维固化""关系固化""冲动枯竭""目的流于形式"这四种现代病，已经在许多组织或团队中蔓延，涉及企业、学校、区域组织，甚至家庭。

综上可知，我们希望克服现代病，激发工作坊型团队的潜力。而这种理想状态要靠两种行为的循环推进才能实现，即找到"偏好"加以培育，以及质疑"成见"加以反思。

激发团队潜力的循环

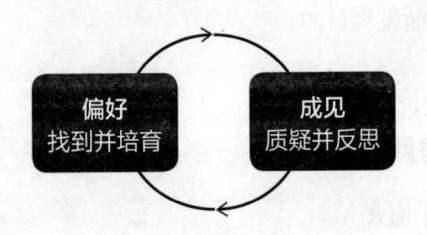

偏好
找到并培育 ⇄ 成见
质疑并反思

找到"偏好"加以培育意味着尊重每个团队成员的"冲动"，将其升华为对团队有意义的"目的"，并加以实现。

质疑"成见"加以反思意味着质疑固化的"认识"与"关系"，批判反思的同时探索新的可能性。

11 培育偏好之芽，耕种团队指导方针之核

"偏好"指的是潜藏在人内心的情感与倾向，会影响人的态度和行为。即使是微不足道的事，偏好也会驱使人们持续关注。

诚然，在工厂型组织中，如果团队成员各有偏好，对提高工作效率有害无益，个人偏好对团队而言"无足轻重"。

然而，在工作坊型组织中，每个人的偏好无论多么奇怪，都是创意的源泉。

在 VUCA 时代，外部世界提供不了正确答案，生产制造的指导方针唯有向"内"求索。要取得自己认可的"好"的工作成果，就必须自行确立"好坏"的标准，并坚持不懈地付诸实践。即使你的标准对他人来说微不足道，它也会成为"孕育创新"的源泉。

个人偏好总是伴随着内在冲动。偏好的嫩芽是在这样的情景中冒出的：无人要求却自发完成的事，忙碌不堪仍不由自主地为其花费时间的事物。这就是为什么工作坊型组织会重视每个人的灵光一闪，以及对尝试和行动的实验性冲动。让每个人重视自己个性的同时不断获得成长，对提升团队成员的能力和职业素养也至关重要。

个性化尝试反映彼此"偏好的差异"，团队成员应视其为丰富团队的"个性"，认同彼此的偏好，并通过对话加深理解。

在这个过程中，团队成员共同的核心，即"团队偏好"日渐茁壮，并成为对团队"有意义的目的"。

12　保持警惕，不断质疑阴魂不散的"成见"

在培育偏好的同时，应**不断质疑团队中的"成见"**。

即使找到自认为是团队偏好的东西，也不可掉以轻心。固执这种"偏好"，是"成见"的开始。正如几乎所有流行语多年后都会沦为"死语"，曾经珍视且不曾怀疑的企业理念或成功规律，也许不知不觉已变成阻碍新思想的"成见"。这就是"思维固化"的可怕之处。

自己的观点是弃之不可惜的"成见"，还是应当继续坚持的"偏好"？对于这个问题，要不断自问自答并持续探究。

对团队成员的偏见也是一样。自以为了解他人的想法，凭主观判断他人性格与兴趣爱好，这种偏见也许不知不觉就变成导致关系固化的"成见"。

据说人体的细胞不到一年就会全部更新，人每天都在成长。考虑到团队的同伴在不断进步，团队成员之间也应时常质疑彼此的成见。

在这个过程中，重要的是即使不明白对方的想法，也要坚持"对话"，设法理解彼此观点隐含的前提。虽然不可能完全理解彼此，但构建对话性关系的态度有助于打破"成见"。

日久年深，"组织理念"或"团队目标"这些让团队成员彼此协作的共同基础，也可能会变成"成见"。曾几何时切切实实激荡过心灵的理念或目标，也许不知不觉中热情早已褪去，沦为空洞的口号。

但凡成功转变为工作坊型组织的公司，即使是拥有数千乃至数万名员工的大型企业，也都会鼓励基层开展试验性活动。因为它们相信，缔造组织未来的集体认同感不仅靠管理层掌舵领航，也要靠诞生在基层的新事业。正因如此，工作目的不应一成不变，不断反思组织的"成见"、持续进化也至关重要。

本书中讲解的"发问"技巧，有助于组织完成由工厂型向工作坊型转变，实现组织"培育偏好""质疑成见"的目的，同时根治四个现代病。

本章最后将介绍两个案例，清晰展现有效发问的效用。

13 案例一：让销售团队摆脱个人主义的发问

下面是某个食品公司销售团队的案例。

A公司的主营产品家喻户晓，受众广泛，销量长盛不衰。过去，它的主要客户一直是小酒馆或餐厅等餐饮店，走渠道经营路线。A公司的优势除产品优秀外，还有一支强大的销售队伍。优秀的销售人员各显神通，开拓渠道，提升业绩。但A公司的销售团队完全是工厂型组织，向来自上而下分配业绩目标，销售人员只顾努力完成个人目标，从来不会提出异议。

对于这种情况，A公司管理层开始产生危机感。市场环境瞬息万变，受众广泛的商品也未必能畅销不衰。技术进步与市场变化之快，令他们深感力不从心。而销售直接接触客户，掌握第一手信息。他们希望由销售人员主动提出改善产品的建议。

为此，管理层委托我，希望能增加销售团队内部的沟通机会，营造一线员工主动提意见的团队氛围。

受托改革团队氛围后，我便开始担任销售沟通会议的引导师①，协调促进会议成功举办。然而，单打独斗的传统在这个团队根深蒂固，沟通并不顺畅，团队关系远比预想中更加固化。

我小心翼翼地询问他们："大家平时与客户沟通最注重什么？"却只得到"信任""情商""倾听"等陈词滥调的回答。这也是对销售工作的"成见"在作祟。

因此，我稍作调整，试着发问："在过去与客户的沟通中，令你感到'意外有效'的做法是什么？"

▸ BEFORE 大家平时与客户沟通最注重什么？

▸ AFTER 在过去与客户的沟通中，令你感到"意外有效"的做法是什么？

我明确目标，把重点由"平时注重什么"转变为"过去有效的做法"，以便引导出具体的看法，而非抽象普遍的认识。另外，添加"意外"这个小小的成分，引导他们做出有个人色彩的回答。

于是，会议的氛围焕然一新，成员们接连说出具体的经验案例。刚才一脸漠然地回答"倾听"的那位成员，此时欣然把过去单打独

---

① 引导师：英语 facilitator，其原形 facilitation 的意思是"促进""使容易"。该词指的是以会议主持的身份协调达成会议目的的职能者。

斗时发现的"偏好"得意扬扬地说了出来:"靠倾听无法获取关键信息时,我会在提问之前说一句'我想问你一个问题,但是是以朋友的身份,而不是销售,……'没想到对方就告诉我了!"

之后我仍不断在"发问"上做文章,此前潜藏于内心深处的想法和发现接连在会上涌现、交汇,首次交流会议圆满结束。旁听的管理层对每个人隐藏的偏好吃惊连连:"原来你们平时都是抱着这样的想法在工作啊!"

最重要的是,许多会议参与成员都主动表示过去没有太多这种表达的机会,希望平时有机会多沟通。最终,他们一致同意定期召开想法交流会。

在"发问"上做文章,让每个人袒露"偏好",便能够重塑成员之间互相了解彼此个性的新型关系。

14 案例二:唤醒技术开发团队事业激情的发问

下面这个案例是关于某家汽车零部件厂商 B 公司的技术开发团队。

B 公司以"车载导航系统"为主要产品,在市场上占有一席之地,但对人工智能技术的发展与普及所带来的影响感到忧虑。

过去,B 公司只要按照工厂型工作方式推进技术开发,就能推出有竞争力的产品。然而,AI 技术主导的"自动驾驶社会"一旦到来,可以预见的是,司机驾驶的机会将减少,车载导航系统的市场需求可能也会消失。

对此，管理层要求以"人工智能技术驱动的未来车载导航系统"为主题，举行策划会议以思考方案。由于创意难产，便委托我为其诊断。

在我看来，参与沟通的客户团队彻底陷入了"冲动枯竭"状态，感觉每个人对开发"人工智能技术驱动的未来车载导航系统"都不抱热情。如果激发不了每个人内心的冲动，工作方式便无法转变为工作坊型，也催生不出由一线员工主导推动的改革。最后团队可能只有遵从管理层的命令，"让车载导航系统产品活下去"这一手段变成"成见"，并且"思维固化"与"目的流于形式"也会同时出现。

于是，我试着发问："各位为什么要开发车载导航系统呢？""各位一直以来是基于什么动机从事技术开发工作的呢？"我希望确认每个人的冲动、团队一直以来的动力来源，或他们所珍视的"偏好"。这些问题也许会让听者以为我在质疑他们工作的意义，所以提出这样的问题是需要勇气的。

不出所料，客户负责人面露不悦地驳斥道："话不是这么说的，安斋先生，我们也不是为了生产车载导航而工作啊。"

"就算自动驾驶成为主流，汽车出行也不可能消失。我们并不是想制造车载导航，而是希望为用户提供'舒适的出行体验'！"

这句话比之前那些发言更有力量，其中蕴含着一直以来积累而成的类似"自豪感"的东西。那一刻，潜藏于心的"冲动"和让自己激情燃烧的"真正目的"，化为团队真正的"偏好"，最终在言语中显现出来。发言的负责人自己，以及在场的团队成员每个人的表情都骤然一变。所有人都意识到了吧——他们希望思考的并非"AI 驱动的车载导航"，而是"未来的出行体验"。

"为什么要制造车载导航？"这个朴素的问题让团队有机会重新思考技术开发的本质目的。如该案例所示，仅靠一个问题，也可能把枯竭的冲动再次点燃，使流于形式、内涵空洞的目的得以充实其意义。

如此一来，"必须制造 AI 驱动的车载导航"的"成见"便摇摇欲坠了，最后这个团队已经无需我的引导，就能自发地对"未来的出行体验"展开了热烈讨论。通过发问，原本试图追求正确答案的氛围骤然改变，每个团队成员都基于内心的冲动提出实验性的观点，此时，团队转变成了工作坊型组织。

团队潜力受到抑制无异于让团队陷入黑暗之中，而发问则是**让团队变化的可能性、每个成员潜藏的魅力和才能重见光明的"明灯"**。

COLUMN
组织创造力得以发挥的理想状态

公司超过一定规模，多个团队协同推进业务的情况增多，组织中就会出现"个人""团队""组织"等层次各异的"主体"。正如"个人偏好""团队偏好"一样，"组织偏好"也是存在的，我们称之为"理念"。

要让公司发展壮大，不免要关注实实在在的经营问题，如收益、商业模式等。但是，任何组织都由"人"构成，"个人"思考和"团队"对话所创造的价值，是组织创造力的源泉。

组织潜力充分发挥的状态被归纳为各层次有机结合的"大树"理论模型（Creative Cultivation Model，CCM）。MIMIGURI 公司总结运用该模型，并以此作为自身经营和协助企业的指导方针。

个人和团队的创造力支撑着企业事业的经营，CCM 把这种创造力比作"土壤"。

- 深深扎根在地下的个人受内在冲动驱使，反复"探究"，持续精进专长；

- 团队中聚集的多样个性通过"对话",交换视角,不断催生新的价值;

- 组织基于企业理念推进"事业",持续创造社会价值。

组织是复杂的生命系统,各阶层如上述那样协同促进整体潜力发挥。这就是组织潜力不断发挥的理想状态。

Creative Cultivation Model(CCM)
所表现的组织整体潜能得以发挥的状态

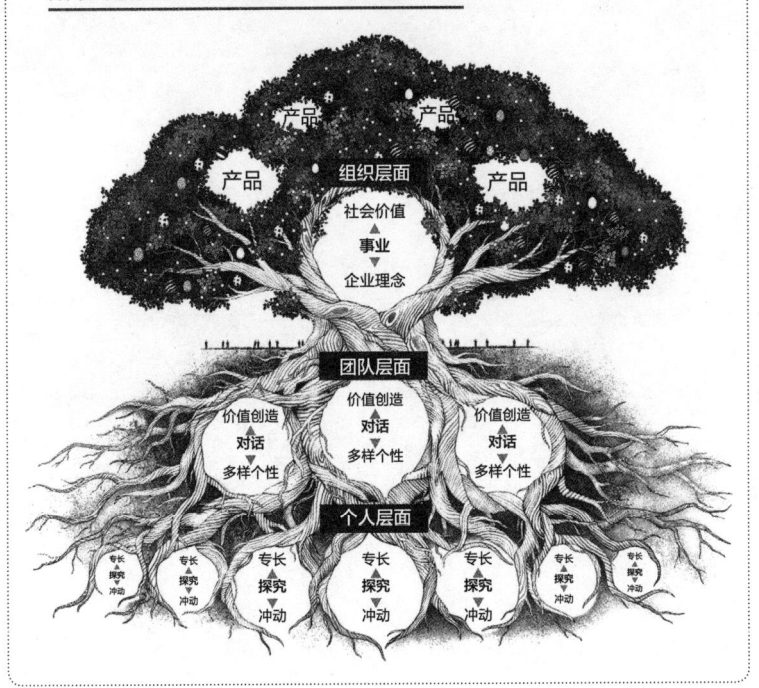

[树状图示:
- 树冠(组织层面):产品、产品、产品、产品;社会价值 ▲ 事业 ▼ 企业理念
- 树干(团队层面):价值创造 ▲ 对话 ▼ 多样个性(三组)
- 树根(个人层面):专长 ▲ 探究 ▼ 冲动(七组)]

第 2 章
打开话匣子,让员工说出心里话

"有效发问"能解决团队的现代病，唤醒团队沉睡的潜力。在本章，我们将试图理解它的基本机制。

有效发问是让团队潜力重见光明的"明灯"，光之所及，对方的反应也迥然不同。

理解了有效发问的基本机制，有效引导团队成员发表看法的操作规则便显而易见。

你可以设想把这些规则应用于自己团队会议时的情景，以此掌握有效发问的基本操作。

2-1 ● 用情感引导唤醒员工积极性

01 发问是什么

"发问"到底是什么呢？本书中的发问，指的是在工作的各种沟通场合，**"向对方发问，促使对方给予回应"**。

对方也许是一个人，也许是多个人。一直以来，我们大多聚集于一处，在线下推进工作。如今，使用网络会议系统的远程办公日益成为主流的办公方式，线上实时的交流也应包含在我们的讨论范围内。

正如问卷调查、采访、学校考试、知识竞赛节目所展现的那样，"问题"会促使接收问题的一方做出"回应"，如选择、陈述、回答、困惑、不解并投降等。**你提问，对方给予某种回应，发问就是这样简单的交流方式。**

为何有效发问可以激发团队潜力呢？奥秘在于**针对你的"问题"，对方做出"回应"**的机制。

以日常生活为例，比如，请设想这个问题：你昨晚吃了什么？

面对这个问题，你应该会回顾昨晚，想起实际吃过的菜。如果太忙或者正在减肥而没有吃饭，就会想到自己什么都没有吃。

这个问题能够让你做出"唤醒记忆"的回应。

提问引起对方的回应

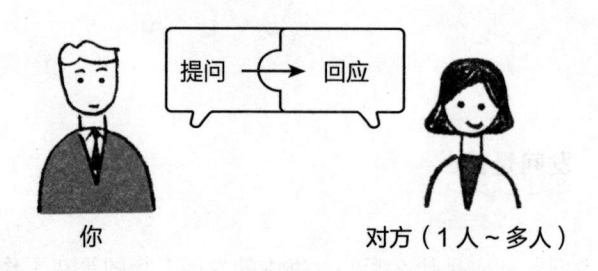

你　　　　提问 → 回应　　　　对方（1人~多人）

如果问题变成"一年前的今天，晚上你吃了什么？"

除非你的记忆力超群，或者那天刚好是某个纪念日，否则应该无法准确回忆。为此，你也许会翻开笔记本或手机的记录，寻找回忆线索。

仅仅在刚才的问题里加了"一年前"这个条件，对问题的回应就变成**"查找记录"**。不过，如果找不到线索，你也许就会**"放弃"**了。

"这附近有没有口碑好的日料店？"这个问题又如何呢？

如果你对此有所了解，应该会**"告知信息"**。如果你并不了解，也许你会当场拿出手机**"搜索信息"**。

02 发问方式改变，回应也会改变

发问的方式不同，对方的回应也会迥然有异。这个机制对理解"发问"的奥妙非常重要。我们将穿插其他案例，以便深入理解其中的原理。

比如这个问题：迄今为止，你吃过最"丰富"的一餐是什么？这个问题很宏大，也许难以立刻回答。不过机会难得，请想想看。

和之前的问题不同，这个问题无法仅凭"记忆""记录""知识""信息"做出回答。究其根本，对自己而言，"丰富的一餐"是怎样的呢？只有深入省察自己的价值观，才能得出令人信服的结论。

也许你百思不得其解，那让我追加一个问题，助你一臂之力。

"无须找出最优解，只要是让你觉得'丰富'的一餐，你现在想到什么，都可以说说看。"

如果我这么问，也许你会轻松一些，能讲出刚好想到的两三个候选答案。令人信服的结论也许并未在这个阶段出现，但是，你所说的几个答案中应该暗含了你的偏好。如此一来，这个问题就让你有机会**省察自我价值观**。

都是与"用餐"有关的问题，发问方式改变了，回应也各不相同，如唤起"记忆"、调动"信息"、表达"价值观"等。这就是发问的基本机制。

"问题"变,"回应"则变

你昨晚吃了什么?

唤醒记忆

一年前的今天,晚上你吃了什么?

查找记录/放弃

这附近有没有口碑好的日料店?

告知信息/搜索信息

03　发问是照亮未知数的"明灯"

为什么发问会引起多种回应呢?如前所述,发问具有"明灯"之功效,它发出的光会照亮团队的"未知数"。

"未知数"在数学方程式中表示为"X"或"Y",意为数值尚不明确的数。比如,求"2X+3=7"的解,学过一元一次方程的人自然能得出"X=2"。

然而,在团队的日常工作中,未知数当然不止一个。现在的问题是什么?最优解决方案是什么?公司管理层现在是什么想法?那个人为什么那样积极发表看法?那个人面对这种情形为何会沉默?这些问题都是未知数。

还有,最近忙吗?工作是否得心应手?他工作中的偏好是什么?擅长什么、不擅长什么?为什么做这份工作?未来计划如何?如此这般,团队中"尚不明朗的事"不胜枚举,数不胜数。

忙碌的日常生活中,我们不会留意周遭每个人身上的未知数。然而,这些未知数一旦被问及,引起你和对方的一致关注,"揭晓未知数"的热情便随之产生。

根据发问方式的不同,你的提问或许会用于"唤起记忆",或用于"自省价值观"。如果进展顺利,对方的冲动得以激发,成见受到动摇,便可促成深度的对话交流。

照亮未知数的方式不同导致回应不同

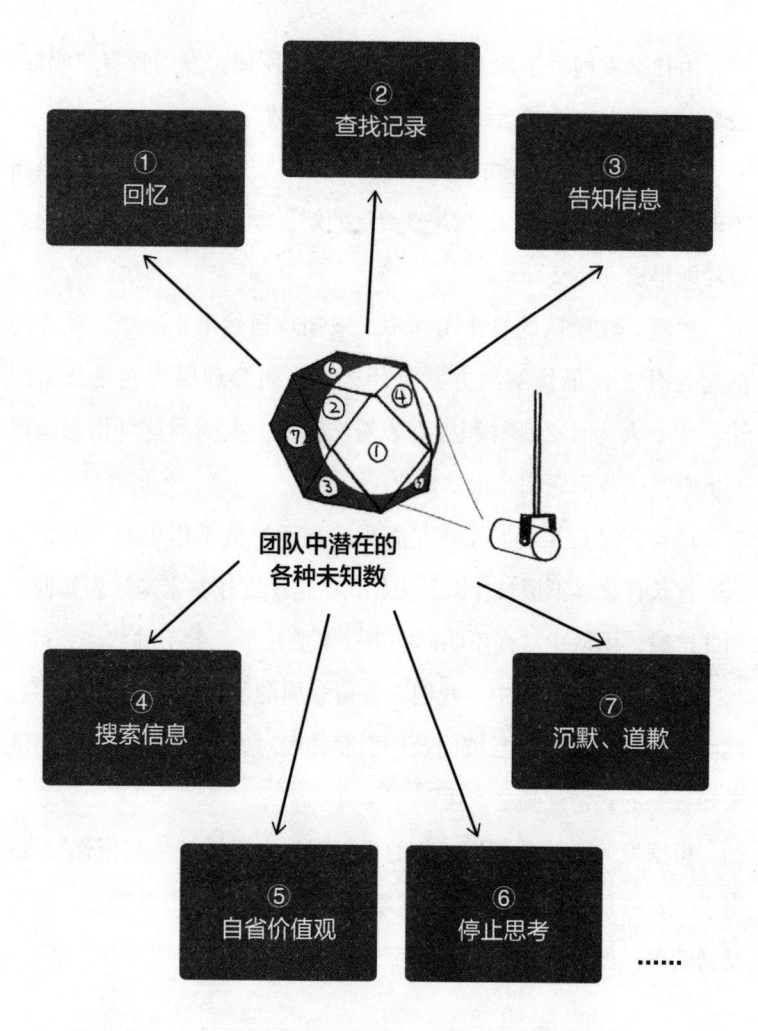

① 回忆

② 查找记录

③ 告知信息

团队中潜在的各种未知数

④ 搜索信息

⑤ 自省价值观

⑥ 停止思考

⑦ 沉默、道歉

……

　　理想的"回应"能激发团队潜力,为得到这样的回应而改善"发问",调整发问的方式和对象,就是发问的本质。

04　发问刺激对方情感

发问还有一个重要特征必须了解。**在发问引起对方回应的过程中，会刺激各种各样的"情感"。**

如果你是个美食家，对饮食有所讲究，那么前述问题"**迄今为止，你吃过最'丰富'的是哪一餐？**"应该会唤起你积极愉快的体验。没准因为太过讲究、难以抉择而苦恼不已。

可如果你对美食并不关注，感想寥寥，意兴阑珊，也许就会随口说几个美食故事，把问题敷衍过去。

反之，如果把问题换成"**迄今为止最糟糕的用餐体验，排名前三十的是哪些？**"无论是否关注美食，你可能都不愿让自己回忆起相关场景，因为那会让心情变得糟糕。

所以，**问题会影响对方心情的好坏。**

团队复盘时，提问内容是积极的，如"出色完成了哪些工作？反映出何种偏好？"还是消极的，如"为什么这么做？应该反省什么？"得到的"回应"必定截然不同。

只有利用好回应产生机制，顺利发现团队成员的"偏好"，才算得上激发团队潜力发挥的有效发问。

反省失败固然重要，但我更希望有意识地提出让对方心态变得积极的问题。

2-2 让员工从"有口难开"到"畅所欲言"

05 有效发问等于"传球"借力

若以足球或篮球等团体运动做类比,"有效发问"称得上一记漂亮的"传球",可借同伴之力共同达成目标。

就算你是个出类拔萃的球员,可光靠自己带球、一枝独秀,是无法实现团队成长与胜利的。

发问是通过"提问"向同伴传"球"的行为。对方接到球之后才能独立思考,尝试踢出自己的球。一个好的团队一定存在传球技术优秀的"指挥",或是"默默奉献的无名英雄",他们会激发同伴的才能。

"成功的传球"有各种各样。但凡成功的传球,至少对方要接得住球,这和之后的比赛表现息息相关。在沟通中就是针对你的发问,对方回应以"自己的看法"。

也许有人觉得上述互动理所当然,易如反掌,但其实并不容易。正如"前言"中提及的"守灵会议",在许多无法摆脱工厂型工作方式的组织里,团队成员甚至很难轻松地表达想法。仅仅是把日常发问调整为"更容易接得住的传球",引导对方发表看法,也能大大改善团队的工作表现。

06 日常发问的积累塑造团队状态

在第一章中我们介绍过家电厂商 X 公司的案例，接下来我们仍以它为例，分析"成功的传球"和"失败的传球"之间的差别。在那个团队里，经理人 A 先生和工程师 B 先生都互相认定对方"头脑僵化"。

经理人 A 先生咨询过我，表示他正苦恼于自己公司的工程师头脑僵化，缺乏创意。

具体情况是，他们几乎每周都召开策划会议，但就算 A 先生询问有没有好的创意，都几乎无人发言。他期待有人能积极发言，因此耐着性子忍受至今，但看起来耐心已经耗尽。因此，他向我咨询，大意是希望开展"提升想象力的培训"。

考虑到 A 先生的立场，他的抱怨和牢骚情有可原。领导层下令"发动由基层主导的改革"，但左等右等等不来基层的提案。作为管理层，夹在中间左右为难，已然无计可施。但是，这个团队真正需要的，是创意"培训"吗？

第 1 章我们就曾说过，下属 B 先生对此事的看法又是另一番景象。

我们向 B 先生了解情况后，得到的回应令我们吃惊。按照他所说，他并非没有想法，也表达过自己希望尝试的技术和创意，但都没有被采纳。

领导 A 与下属 B 的心声

这是工厂型工作方式导致"关系固化"和"冲动枯竭"的典型案例。

要打破现状,最简单的方法就是在每天无意中提出的问题上做文章。

之所以说"无意中",是因为**我们往往没有意识到,自己常常在无意中发问**。许多情况下,我们只是把脑中未经加工的"问题"不假思索地提出,并未想过"要调整发问方式,引导积极回应"或"如何传球才能让对方表现优异"。最终,我们的发问仍旧基于工厂型工作方式下的价值观,团队潜力也因此逐渐受到抑制。

后来,经过详细了解发现,前述经理人 A 先生和下属工程师 B 先生所面临的问题,其实就是平时无意中发问的问题积累,导致团队关系恶化。

07　让团队成员有口难开的无意识发问

我们首先了解到，每次策划会议上，A先生反复问"有什么好想法吗？"但这个问题并未奏效。

A先生希望团队成员畅所欲言，因此提出这样的问题。

但是，在下属B先生看来，这个问题只会让自己畏首畏尾，压力巨大。因为他虽然有些想法，但没有自信那是"好想法"。

如果贸然发言，却遭到驳斥，得不到认可，旁人对自己的评价也可能变差。B为此忧心忡忡，不敢发言。

"有什么好想法吗？"这个问题导致B形成"成见"，抑制了自己的冲动。

我们还了解到，B之所以消极看待A的问题，是因为已有类似的先例。B在一次和A的一对一沟通中，曾提出一个创意，其中融合了自己希望尝试运用的新技术。可话说不到十分之一，就被A打断了。

A："打住打住，我之前说的话你有认真听吗？我们现在的开发要以用户为中心，而不是以技术为中心，我说过要多考虑用户需求吧？"

B："……对不起。"

此后，B就认为，虽然自己是因为热爱技术才入职这家公司，但却不能专注于技术了。还有，只要不是"好想法"，领导就不会采纳。A的发问催生B的"成见"，创意因此受到抑制，同时也导致了"思维固化"。

在这个案例中，B 在一对一沟通时的表达方式也不怎么高明。

孰是孰非难下定论，但这一系列的"小分歧"的确催生了团队的问题。

要打造工作坊型组织，提高团队沟通的质量，取得单打独斗无法实现的成就，最便捷的方法就是尽量减少让对方有口难开的"难接的传球"，增加引导对方表达的"容易接的传球"。

08 引导发言的四条发问基本规则

接下来让我们学习引导发言的四条"发问"基本规则。

发问基本规则

1. 发掘对方个性，尊重偏好
2. 适度限定，制造思考契机
3. 撩拨玩心，激发回答欲望
4. 解放僵化思维，催生意外发现

如同象棋或围棋，现实中总有规则无法适用的例外情况。

但是，理解这四条规则，尽可能设法减少无意中的"坏问题"，增加"好问题"，你的团队便能逐渐向工作坊型组织转变，不断激发潜能。

而且，关于前述 A 与 B 所在团队的困境，这四条规则也能帮助你更加深入地理解其具体问题和解决办法。

接下来我们将根据这些规则设定"坏问题"和"好问题",并逐一分析其特征。

09 发问基本规则一:发掘对方个性,尊重偏好

鼓励团队成员发扬个性,尊重各自的差异,对激发团队潜能至关重要。如果你认同本书理念,自然也会认同这第一条规则。

但是,许多组织未摆脱工厂型价值观,潜力难以激发,违背这一规则的情况不在少数。

如前所述,发问类似"明灯",从某种角度照亮团队中难以捉摸、动荡不安的问题,或团队成员大脑中散漫漂浮的想法,试图揭晓未知数的真面目。

然而,知易行难,要顺利照亮对方的"偏好",必须平时注意调整灯光的照射角度。

麻烦的是,人会无意间违反该规则,把光照向"对方的不足"。这种发问只会暴露对方的不足,诱导对方"道歉",更不用说发掘对方的"个性""偏好"了。

▸ BAD! 坏问题暴露对方的不足,要求道歉

(例)"为什么会做出这种事?我不是说过了吗?"

▸ GOOD! 好问题发掘对方个性,尊重偏好

（例）"关于这个方案，你**尤为重视的**是什么？"

◎ 于团队百害无一利，暴露不足的发问

暴露不足的发问是指故意通过发问让对方承认自己的无知和幼稚，并使其达到"广而告之"的效果。

比如，对刚入职不久，还不熟悉商业邮件写法的新人嚷着问："你知道敬语怎么用吗？"声音大得周围的人都能听见。这种时候，恐怕发问的人并不期待得到对方的肯定回答吧。

如果有人失误犯错，或行事未能如发问者所愿而遭到责备，便很容易出现这类发问。

整个过程大多始于"调查凶手"似的反问，如"谁干的？""负责人是谁？""为什么会变成这样？"一旦锁定嫌疑人，又会全力将所有的光源都投向"对方的不足之处"："为什么要这么做？""培训时没学过吗？""工作手册上不是写着吗？"迫于这种发问的压力，对方只得承认自己的失败。

这种沟通只有在对方被逼到"道歉"才会结束。更有甚者，对方已经道歉，却仍然不依不饶地逼问个没完："你真的懂了？""懂了怎么还会犯这种错？"诉诸歪理，让对方无法理性申辩，迫使其一再道歉。

发问的目标此时已被偷换成"缓解焦躁"或"发泄失败造成的压力"。长此以往，身边的团队成员渐渐会认为失误应尽量避免，一旦犯错就必须讨好领导或前辈。这些想法演化为"成见"，导致团队内部关系急剧恶化。

◎ 对对方抱有好奇，发掘其偏好成因

回到前述家电厂商 X 公司的 A 和 B 的问题。我们且把在团队中"追究责任"这种"调查凶手"似的沟通搁置一旁。领导 A 在团队中影响力大，也是委托咨询方，我们试着改善他的"发问"表现，探索解决问题的可能性。

对照第一条基本规则，A 必须注意不过分聚焦于 B 的"不足"。具体而言，当 B 在一对一沟通中阐述自己的设想时，A 话没听完就粗暴打断，驳以"我之前说的话你有认真听吗？"A 的这种行为存在改善空间。

A 预设的"理想行为"是"提案应以用户为中心"。因此，在 A 看来，B 兴冲冲地阐述"以新技术为中心的提案"这一行为并不在他的预想之内，于是他不由自主地开始要求 B"暴露不足"。这是工厂型时代根深蒂固的"防止违规"思维的产物。结果如 A 所愿，B 只能给予"道歉"这一毫无建设性的回应。

按照第一条基本规则，A 必须充分聚焦于 B 的个性。即使 B 的想法与自己略有不同，有违自己的指示，也应尊重 B 的"自发冲动"，让他把话说完。

当然，如果领导有义务对下属的提案给予反馈，应在听完提案之后指出具体的改进之处，并给予指导。

就这个案例而言，A 应在认可对方提案的前提下，给予建设性的反馈，如"谢谢你的提案，我充分理解你所关注的技术方面的可能性，如果精心打磨，应该会是个好提案。另外，之前我提

过要考虑用户需求,但你的提案里没有体现这点,是打算接下来开始考虑吗?"

重要的是精心设计"发问",尝试发掘 B 的"偏好",而不是草草反馈了事。B 所关注的新技术应该能反映他的偏好,所以,应聚焦 B 的个性,尊重他的偏好,比如可以这样提问:"你觉得这个技术的有趣之处是什么?""你在这个提案中最重视什么?"

发掘偏好的发问源自对对方的好奇。如果对 B 并不关注,终究不会明白 B 为何背离指示,提出聚焦于新技术的提案。关注对方想法背后的隐含前提,便有机会形成"对话",发掘对方的个性。

▸ BAD! 坏问题源自对对方的漠视

(例)"哦,是吗,还有别的吗?"

▸ GOOD! 好问题源自对对方的好奇

(例)"咦?你为什么会这么想?"

"你是什么时候开始这么认为的?"

📋 发问基本规则一

发掘对方个性,尊重偏好。

10　发问基本规则二：适度限定，制造思考契机

A 按照第一条基本规则，开始聚焦下属的"偏好"，团队内部的关系日益改善。接下来就该调整策划会议开头的发问内容了。

随着关系改善，原先的问题"有什么好想法吗？"也不再像以前那样令人难以回答。不过，不痛不痒的问题达不到思考的切入点，难以深入。人类的思考有个特点，就是过于无拘无束反而畏首畏尾。尤其是会议这种场合，他人可以轻易评价自己发言的好坏，规则自由反而成为焦虑的源头。

要促使对方思考，**适度"限定"发问，制造思考契机**很重要。

▶ BAD!　坏问题漫无边际，没有头绪
（例）"有什么想法吗？什么都可以，不要有顾虑，请说说看。"
▶ GOOD!　好问题适度限定，制造思考契机
（例）"你们的**目标客户**有哪些特征？"
（例）"**过去的失败方案中**，有没有觉得可惜的地方？"

像这样，提供线索供对方作为思考的立足点，限定思考范围，就能让对方更加顺畅地思考并提出看法。

以免引起误解，需要补充说明的是，**限定宽松的"朴素问题"**并非一无是处。我自己也在策划会议上提过一些乍看之下是"坏问题"的问题，如"怎么样，有什么想法吗？""现在有想到什么吗？"

这种问题意在摸底。通过提出开放式问题，广为撒网，以此观察对方的反应。如果对方有想法急切希望表达，这种粗陋的发问方式便能快速打开沟通局面。但是我们需要注意，就基本规则而言，适度限定问题是有必要的。

发问基本规则二

适度限定，制造思考契机。

11 发问基本规则三：撩拨玩心，激发回答欲望

前述家电厂商的案例中，面对问题"有什么好想法吗？"B感到压力巨大，有口难开。对"好想法"的追求源于重效率、轻个性的工厂型价值观，它阻碍了自由思想，而B没有信心自己能够跨越它。

阻碍团队潜力发挥的坏问题会肆意给对方施加压力，令其无法开口。而激发团队潜能不可或缺的是让对方深入思考，积极表达，畅所欲言。如果会议氛围令人难以开口，彼此的个性和偏好也就无从发掘。

刺激对方思考的有效机制包括把"玩心"融入发问。

"玩心"是什么？

小时候玩捉迷藏，你是否想过，某些地方虽然一定不会被找到，但那样就不好玩了，不如选择别处。或者为使自己不被发现，故意弄出声音，撩拨对方，制造干扰。

按照捉迷藏的规则，这些行为非常不合常理。但因为"不好玩""看样子很有趣""玩腻了"，人便尝试新奇的玩法，增添游戏的未知元素，这种心态就是"玩心"。

在职场，目标和业绩指标清晰明确，自然容易被追求精确高效的理性主义所支配。尤其在工厂型组织，依照业务规范高效完成工作是第一要务，不需要"无关紧要的玩心"。

但人不是机器，对那些明知"必要"而感觉"无聊"的事，无法发自内心地积极投入。偶尔试着在发问时融入玩心，激发"回答欲望"，也许会改变沟通的质量，动摇默认的"成见"。

如果 A 的发问不是突然直接要求"有什么好想法吗？"而是前置一句"提出好想法难，那我们先说说坏想法吧（笑）"，询问有无"好的'失败创意'"，也许会议氛围就发生变化了。

▸ BAD!　坏问题施加沉重压力，让对方难以开口
（例）"关于总经理发表的下半年战略，有什么疑问吗？"
（例）"没有好想法吗？"

▸ GOOD!　好问题撩拨玩心，激发对方的思考
（例）"**如果瞒着总经理偷偷追加一条战略，你会加入什么内容？**"
（例）"先想想烂点子吧，**有没有好的失败创意？**"

这条基本规则能有效应对由官方权威造成的压力，如领导权威、公司规定、考评制度等。在这些场合，恐惧让人噤声，变得畏缩不前。而正是这种时候，才更需要融玩心于发问，以便对方卸下心防，畅所欲言。

向团队成员施加压力本身当然并非坏事。对自己的职能和工作"负责"必不可少，但责任有时难免带来沉重的压力，唯有克服这种障碍，人才能成长。像"守灵会议"那种情况，即使把责任赋予对方，团队也不会运转。当团队成员渐渐能在会议上自由表达，袒露"偏好"，再因人而异赋予责任，团队管理才能更加有效。

发问基本规则三

撩拨玩心，激发回答欲望。

12　发问基本规则四：解放僵化思维，催生意外发现

要发掘团队成员的"偏好"，最理想的取材之处，便是对方自然流露出的平时不为人所知、出人意料的一面或独特的思考。

为此，需要关注对方无意中反复使用的"词汇"，明确词汇背后反映的思维模式或价值观，并对其质疑。

比如，我仔细听过前述家电厂商 X 公司的会议发现，也许是用户思维较重，"便利"一词反复出现。

"这个新技术可以让用户操作更加便利吗？"

"现在的产品在这方面还不太便利。"

团队中高频、好用的词汇会成为"共同语言"，促进顺畅沟通，而相对的，它也会变成"百搭词汇"，需要警惕。

百搭词汇适用于任何场合，无须深究词汇的含义基于何种前提，容易遭到滥用。随处可见的百搭词汇也可能变成阻碍团队创意的"成见"。一旦流行商业用语在团队中泛滥成灾，就应该提高**警惕**。

为解放家电厂商 X 公司团队的固化思维，我试着调整发问，向已变成"成见"的"便利"这一共同词汇质疑。

首先，我对该团队成员思考的基石，即他们观点的共同前提发出质疑，如"为什么便利的产品比较好？""不便利对用户只有坏处吗？""什么是便利？"等。在会上抛出这些质疑前，最好先自问自答一番，如"我有双喜欢的鞋穿了三年多了，虽然不好穿，但不想换啊""虽然不能想象没有智能手机生活会怎样，但以前也没感觉特别不方便啊"。也许就会发现一些简单的线索，它们足以动摇"便利至上"这一前提。然后再试着基于这些发现设计问题，激发团队成员不同于平常的多元思考。

▸ **BAD!** 坏问题以陈词滥调催生庸常思想

（例）"该如何让这个产品操作更加**便利**呢？"

▸ GOOD！　好问题以新奇措辞催生意外见解

（例）"不好用，却忍不住想用的产品是怎样的？"

（例）"虽然现在不觉得'不便'，但用户是否已习惯这种不便了？"

措辞表达不落窠臼，思考角度别出心裁，便能动摇"成见"，催生意外见解，强化工作坊型工作方式，探索团队新的可能性。

◎ 摆脱预定和谐，享受意外进程

如果不质疑团队的共同语言，以一成不变的措辞，提出一成不变的问题，催生一成不变的想法。长此以往，会议便会陷入可以预定的和谐状态，沟通效果也会千篇一律。

"那个人准会提出这种观点，那个人应该会有这种疑问吧。"

"准会得出这种结论。"

可预测的会议进程让参会人安心。比起过程难料，一片凌乱，可预测的既定结论要稳妥得多。

但是，当发问方渐渐能预测会议进程，会议就不可能产生令人惊喜的成果。这样只是表面上假装向工作坊型组织转变，实质是倒退回按照预设流程推进工作的工厂型组织。

要充分发挥团队潜能，就应**常期待"意外见解"**，不断改善发问。再者，接受团队"成见"之外的"意外发现"至关重要。

▸ BAD! 坏问题导向预设结论，陷入预定和谐。
▸ GOOD! 好问题催生意外结果。

我们关注了很久家电厂商 X 公司的团队，A 的试错没有白费，他们最终顺利转变为工作坊型组织。B 的提案似乎也在会议上得到推敲打磨，进入商品化阶段。

最重要的是，A 表示"工作变得有趣了"。原先总觉得工作有些索然无味，可现在每次会议上团队成员的观点都会令他吃惊，越来越能接触到意外发现。

在工厂型工作方式主导的时代，这些意外发现或许会被视为计划外的"事故"。但是，通过"发问"，A 渐渐开始享受这样的过程。它使团队成员的个性得以激发，并互相取长补短。

发问基本规则四

解放僵化思维，催生意外发现。

2-3 3个提问技巧构筑员工心理安全

13 发挥发问真正价值的三个方法

光是把前述四条基本规则应用于改善日常会议,团队氛围就会发生显著变化。

但是,发问技巧的奥妙与效能远不止于此。

我研究发问技巧与效果已有十几年,始终致力于如何充分激发团队潜能。在这期间,我参加过由引导师主持的会议,他们千锤百炼,称得上"发问高手"。我观察记录,录制影像,反复分析视频,解析他们的发问机制。

我将观察结果与心理学和管理学理论对照,同时尝试将研究成果应用于自己的团队管理和客户服务中,探索出可广泛应用的有效发问技巧。

最终发现,好的发问是由三种行为循环构成的,即"诊断""设定""提出"。

有效发问循环

诊断 → 设定 → 提出

1. 诊断

有效发问始于**仔细观察团队和成员情况，即"诊断"**。

好的发问不会从天而降。

团队成员目前的心情如何？心中有何矛盾纠结？团队现在的氛围如何？为何无人发言？发言热烈意味着什么？什么是需要重视的"偏好"，什么又是可以舍弃的"成见"？团队的理想状态是什么？

唯有仔细观察、分析团队沟通情况，据此提出假设，才能精确发问。

精确诊断是有效发问的第一步。诊断的具体方法将在第 3 章进行讲解。

2. 设定

有效发问的第二步，是**根据沟通状况的诊断结果，设定具体问题，实现预期变化**。

前述四条基本规则当然也不能忘记。在此基础上，发问高手还会把问题分为深挖偏好的"深挖模式"和动摇成见的"动摇模式"。

然后按照六种强有力的发问模式设定问题，即"外行发问""追根溯源""释义""假设法""破除偏见"等。"设定"问题的具体方法将在第 4 章进行说明。

3. 提出

如何**提出已设定完成的问题**也有讲究。发问是否有效取决于如何发问。精心准备的问题，对方听不进就毫无意义。因此，发问前应引起对方注意，调整措辞细节，精确传达意图。如果没得到预期的回应，也要持续改进，不要轻易放弃。许多失败的发问案例都是因为不重视这个步骤。"提出"问题的具体方法将在第5章进行说明。

提出一个问题之后，发问并没有就此结束。

对方如何看待这个问题？现在作何感想？团队沟通因此发生何种变化？再次观察这些情势，对沟通情况进行"诊断"，视需要"设定"新的问题，再适时"提出"下个问题，如此循环往复，组成复合问题。通过打破"成见"，培育"偏好"，实现仅靠个人无法取得的成果。这就是本书所要说明的"有效发问"循环。

因此，第3～5章可从任意章节开始阅读，有效发问的三个步骤本就循环往复，无须依次进行。如希望尽早了解有效的"问题类型"，就可以从第4章开始。

COLUMN
心理安全

近年来，"心理安全"（Psychological Safety）成为组织开发和人才培养的焦点话题。哈佛大学的艾米·C·埃德蒙森教授于1999年提出这一概念，指的是在该状态下，"员工相信，即使在团队中直陈己见，也不会破坏成员间的关系"。埃德蒙森教授的著作于2021年被翻译为《无畏的组织：构建心理安全空间以激发团队的创新学习和成长》，在日本也有不少读者。

谷歌2012年成立的研究项目让全世界了解了"心理安全"的重要性。根据谷歌的调查结果，对团队业绩而言，重要的不是"优秀的个人"，而是"团队如何构建协作关系"，其中"心理安全"尤为关键。

自此，日本国内对"心理安全"重要性的理解不断加深。2020年石井辽介的《如何构筑心理安全》一书出版，这是日本首部系统介绍心理安全实践方法的著作，畅销一时，瞬间风靡日本职场。

"易于发言"是心理安全的指标之一。"前言"中"守灵会议"所呈现的状态可以称得上"心理安全程度低"。反之，本书的目标"团队潜能得以激发"，或许可理解为"心理安全程度高的状态"。

也许有人认为，要促成热烈交流，必须提高团队的心理安全程度。但在我看来，"心理安全"和"易于发言"好比"鸡与蛋"的关系，可能是"心理安全程度高，所以发言变得容易"，也可能是"因发言变得容易，心理安全程度得以提高"。

本书之所以彻底探究"发问"的本质，正是因为相信通过改善"发问"，自然能够造就"心理安全程度高的团队"，而不是把团队问题一味归咎于"心理安全程度低"。

第3章
做富有洞察力的团队领导者

本章将讲解有效发问循环中的"诊断"问题这一步骤。

首先，我将介绍一份简易确认清单，供观察沟通情况使用，以便诊断团队问题。清单以支撑观察行为的四个问题为指导，聚焦"评价性言论""未经定义的高频词""举止与应和姿态"，探究团队的"偏好"与"成见"。

其次，我将介绍"三角模型"，解说进一步提高诊断精度的方法。现场观察难免有局限，通过预先描绘"会议目的"和"愿景"，可更明了团队的应改善之处。

最后，我将解说训练中长期诊断能力的五个方法。

3-1 ◉ 洞察员工的"隐性需求"

01 以诊断为发问之轴

"诊断"作为有效发问循环的起始步骤,旨在通过观察,明确会议现状、团队的"成见"和"偏好"、团队所需改善的内容等。既可视为设定问题前的"准备",也可当作提出问题后的"善后"。

提问时全然不了解对方的情况,等于蒙眼敲西瓜,敲中也只是全靠运气的"瞎猜"。为提出能激发对方潜力的好问题,必须**观察团队情况,对每个成员当下的处境提出假设**。

要使有效发问得以循环,"设定"和"提出"两个步骤固然重要,但持续分析、观察团队及其成员,以"诊断"为轴进行循环发问也必不可少。

02 诊断即为对方赋予释义

"诊断"一词主要用于医生为患者诊断病情。其主要含义是,详细观察对象A,给它贴上**新的解释标签**,即对象A可解释为B,如"该患者(A)患有感冒(B)"。详细观察眼前的对象A,赋予其 B 的含义，即为诊断的本质。

例如，在会议中，有一个托腮皱眉、神情困惑的三十多岁的男人。他倾听其他成员的热烈讨论，但自己一言不发。我们就把他作为"对象"。

如果观察这个对象仅得出"他正托着腮，神情困惑"这种结论，那算不上诊断，只是确认了该对象的外部特征而已。如果不对观察对象赋予某种"意义"，就不是对其行为的解释。

比如"他是否不适应讨论流程，正不知如何是好""也许他对讨论不感兴趣，希望尽早结束""一定是怕人看出他在犯困"。且不管猜得准确与否，给观察得来的信息赋予假设的释义，才算得上"诊断"。

为对象赋予释义，完成诊断

↓

解释：他是否不适应讨论流程，正不知如何是好？

解释：也许他对讨论不感兴趣，希望尽早结束？

解释：一定是怕人看出他在犯困

03　卓越的观察力真的有必要吗？

在接受过引导师培训的人看来,"重在观察"这句话恐怕已经听得耳朵起茧,乏味至极。

观察技巧的学问深奥,相关书籍汗牛充栋。在重视创意或沟通技巧的商务场合,如策划、销售、谈判、说服等,识破对象本质的能力受到重视是无可厚非的。在人类各种各样的技能中,通过观察揭露事物本质的能力尤为吸引人。

顺带一提,凭卓越观察力广受欢迎的代表人物,当属英国小说家阿瑟·柯南·道尔笔下的名侦探夏洛克·福尔摩斯。

"初次见面,你好,你去过阿富汗吧?"

"你怎么知道?"

这是在该系列作品的第一篇《血字的研究》中,福尔摩斯与自己后来的搭档约翰·H·华生初次见面时的惊人对话,成为象征福尔摩斯出类拔萃观察力的名场面。

华生是军医,的确参加过阿富汗战争,但此时他对此还只字未提。

然而,福尔摩斯只看他一眼,便根据几条线索,提出了一针见血的假设。这些线索包括华生身上有医务工作者的风度;脸色黝黑,手腕却发白,说明面部是被太阳晒黑的;左手手腕动作不灵便,应该受过伤;脸色憔悴疲倦,似乎历经苦难等。

如果我们在会议中也能有福尔摩斯般的观察力,该多么方便!通过精彩的推理,也许能提出尖锐的问题,激活团队的沟通氛围。

比如，对方稍有反应，我们便推断出"你现在想到了方案的两个改善点，但又推翻了选择不说，对吧？"

但是，从有效发问的角度看来，憧憬拥有福尔摩斯这般"卓越的观察力"也存在风险。

04 初学者面临的海量数据障碍

原因是，在现实会议中，**观察对象的信息量过于庞大，以至于在赋予释义前难以取舍信息**。

观察技巧相关的入门书，大多会强调"不拘泥于先入为主的观念，重在收集一手信息①"。但是，为了在会议中即时诊断，就必须在有限的时间里给对象赋予解释。

如果真的以福尔摩斯的方式观察会议，试图推断每个人的心情，就能深刻理解信息量之庞大。

"那个人一直一言不发，这意味着什么呢？"

"他眉头紧锁，都挤出两道痕了，这意味着什么呢？"

"他瞥了眼手表，这意味着什么呢？"

"他好像在重看资料，这意味着什么呢？"

"他在打哈欠，这意味着什么呢？"

"他眉间皱纹增加到三道痕了，这意味着什么呢？"

---

① 一手信息：并非源自他人传闻，而是自己直接体验得来的信息。

像这样,如果关注眼前所有的线索并细致观察,就会发现信息泛滥成灾。还在数着沉默不语的人眉间有几道痕,已经有人在发表下个观点了。节奏飞快的会议中,如果过分细致地去观察,还没等得出有说服力的推论,会议就结束了。

05 取舍信息的"滤网"功能

福尔摩斯为何能瞬间识别华生的身份?福尔摩斯眼中必定也有大量信息,那他为何能根据手腕、脸色等"有限线索",即刻诊断出"军医"这一结论呢?

一般认为,福尔摩斯智商190,头脑聪明,具备处理大量信息的能力。可即使如此,他也不可能对映入眼帘的所有信息都一一处理。后来的一些趣闻表明,福尔摩斯其实是根据某种判断标准,把冗杂的信息分为"高价值线索"和"低价值线索",以此进行取舍。

首先,在为观察对象赋予释义时,需要区分必要信息和无用信息,而非逐一处理所有信息。

其次,像"这个患者只是感冒"这种医学诊断,在给对象A贴上释义B的标签、做出"诊断"的过程中,知识和经验的"滤网"会发挥作用。

福尔摩斯的滤网应该是由多年经验形成的类似直觉的东西。任何人随着经验的积累,滤网的精度都会提升,眼力日益精进。但是,这种训练必定需要投入很长的时间。

本书的目的是激发团队潜能,这也是有效发问的意义所在。所以,不应过于重视提升观察力,以至于难以迈向下个步骤。如果能力不足,需谨记:"不可身陷观察的沼泽中难以自拔,应适可而止"。

06 初学者的观察指导方针

那么,不具备经验和直觉的初学者要以什么为滤网进行诊断呢?第一,**设问,以其作为观察的指导方针**;第二,**聚焦**。

参与制作《宇宙兄弟》《龙樱》等佳作的编辑佐渡岛庸平认为,提高日常观察质量的诀窍是预先设问,提出假设。源自设问的假设会唤起验证答案的欲望,这是观察的原动力[①]。

观察作为"发问"的准备环节,却又需要预先"设问",这听起来或许有些复杂。但是,脑中预先设定的问题可以指导观察,改变看待事物的角度,自然也更容易提出假设。

"诊断"阶段的首要问题,是明确对激发团队潜能有决定性作用的"成见"和"偏好"。因此,如果脑中预先设定以下四个问题,它们便能发挥滤网作用,使初学者的观察更有效。

---

① 《如何训练观察力:一流创作者如何看待世界》(佐渡岛庸平 著,SB Creative,2021 年)

指导观察的设问

1. 是否拘泥于某些成见?
2. 偏好是什么?
3. 偏好是否一致?
4. 是否欲言又止?

1. 是否拘泥于某些成见?

观察会议状况,分析眼前的每个成员,他们的想法背后是否存在默认的一致前提?是否陷入某种固定观念?是否困于特定的价值标准?以及,是否对某人存在刻板印象?是否存在对团队来说应质疑的"成见"?

2. 偏好是什么?

探究应质疑的"成见",同时思考应培育的"偏好"。如果团队成员之间的关系尚未改善,不仔细观察是无法发现成员的偏好的。从发言或反应的细节中探索每个人的小偏好,或者可能成为团队核心动力的团队偏好。

3. 偏好是否一致?

观察团队成员同时发掘他们的偏好,就能发现每个人的个性。团队成员偏好各不相同就是团队多样性的证明,这是好事。但是,假如不了解、不认可这种差异,团队沟通便会受阻。

每个人偏好的方向是否一致?对手段和目的的偏好是否一致?对偏好差异保持敏感也很重要。

4. 是否有人欲言又止？

"思维固化"和"关系固化"这两个团队现代病一旦恶化，就会压抑团队成员的冲动和表达欲。表达欲消失对团队而言是最糟糕的，所以，应留心观察是否有人欲言又止。

带着这些"问题"，再去明确"焦点"。其实福尔摩斯在后续故事中也建议华生，与人初次见面，首先要关注"手"，再聚焦"裤子膝盖"或"鞋子"。

发问的初学者要充分运用的其实并非眼睛，而是"耳朵"。应留意倾听团队成员日常的表达内容、措辞以及表达方式。其中，"评价性言论"为最重要，其次是"未经定义的高频词汇"。即使只聚焦这些表达内容，也足以获得大量信息，用于分析"成见""偏好""偏好差异"这三个问题。**团队的偏好与成见体现在成员的高频词汇中。**

视觉信息只需作为补充。尤其要留意发言人的"举止和应和姿态"，可有效察觉团队成员是否"欲言又止"。

诊断的着眼点
1. 评价性言论
2. 未经定义的高频词汇
3. 举止和应和姿态

如果对自己的观察能力尚无自信，可以前述四个问题为指引，着眼于这三个方面，进行练习。二者关系如下图所示。

诊断的着眼点与指导性问题

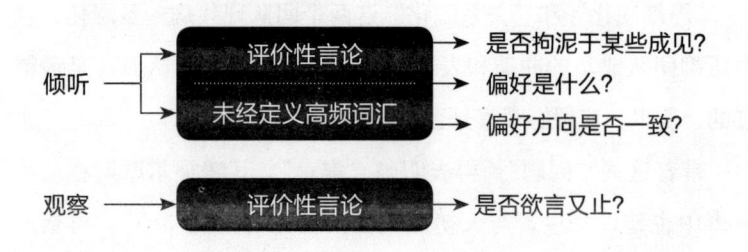

倾听 → 评价性言论 → 是否拘泥于某些成见?
　　　　　　　　　→ 偏好是什么?
　　　　未经定义高频词汇 → 偏好方向是否一致?

观察 → 评价性言论 → 是否欲言又止?

熟习如何有效发问,即掌握"卓越观察力"之后,即使不依靠这种指导性问题,也能体察入微,发现团队成员情感的微妙之处,或个性才能的潜在表现等。但对初学者来说,把这些指导性问题作为观察滤网,足以实现高效"诊断"。

下面我将分别详细解说这三个着眼点。

07　着眼点一:评价性言论

评价性言论是发掘"偏好"与"成见"的宝库。团队中平时应该充斥着各种各样的评价,如对见解优劣的评价、对意外纠纷的评价、对他人行为或态度的评价等。

评价的内容各式各样,除了"好""坏",还有"对""美""微妙"等,立场或明确或暧昧,不一而足。无论评价是正面还是负面,对眼前事物的评价都源自个人的**关注点**,而关注点落在何处是由**价值观**决定的。

例如，评价初次造访的餐厅时，主要的评价对象可能包括味道、价格、服务、氛围，或者这些要素的组合。这些评价的着眼点，便是"关注点"。

关注点中体现的偏好和评价标准，就是"价值观"，如"性价比可以不高，但应提供非同寻常的用餐氛围和服务。"

即使评价内容多直白如"那家店不错""那家店不行"，也未必能一览评价背后"关注点"或"价值观"的全貌。若将其比作冰山一角，正如下图所示。

评价背后的关注点与价值观

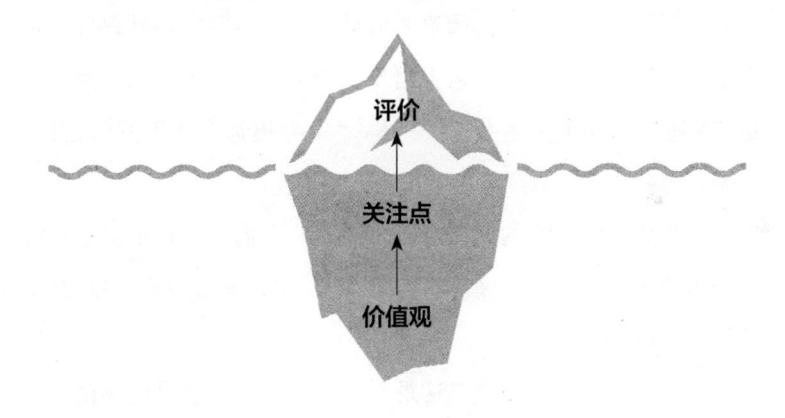

```
         评价
          ↑
～～～～～～～～～～
        关注点
          ↑
        价值观
```

首先，我们应推测团队中的"评价性言论"背后有着怎样的关注点或价值观。

这些价值观既可能是组织或团队多年培养、悉心呵护的"偏好"，也可能是僵化的"成见"。在观察中，我们应不断反思价值观的本质与重要性。

即使无法明确价值观,当发现类似"偏好"或"成见"的信息时,便可提出假设。为验证假设,可通过提问确认对方的思考前提、深挖"偏好"背景或动摇"成见"。如果能在诊断中提出假设,这些假设将成为设定问题的重要素材。

◎ **评价差异源自价值观差异**

评价性言论能帮助我们深入了解因思考前提不一致导致的"关系固化"。每个人的偏好不同,导致对同一事物出现不同评价,而偏好又受到关注点或价值观的影响。

关于2021年夏天举办的"2020年东京奥林匹克运动会",从举办的对错,到开幕式、闭幕式的效果,日本国内各种评价林林总总。闭幕式后,社交平台上出现两个立场截然不同的热搜,一是"#还好举办了奥运会",一是"#举办奥运会才不好",毁誉参半。

这些热搜所反映的关注点不一而足,人们并非只把奥运会视为一场"体育盛会",还杂糅了"疫情防控""税金用途""运营质量""表演和运营态度"。

如果民众的价值观是"这是一场体育盛会,选手们应该充分发挥实力",关注点落在"选手赛场上的表现",也许就会给这届奥运会发出好评。特别是如果基础价值观中包括"身为日本国民,期待日本运动员的优异表现",那么日本队在这届奥运会获得的金牌数量破纪录,已经算得上是巨大的成功。

但如果价值观是"应该把国民税金优先用于抗疫",关注点落在当时持续增加的"东京都确诊病例数",那么民众也许就会给出负面评价。

在"关系固化"状态下,团队成员彼此偏好不同,难以互相理解。特别是上述示例中二元对立的极端情况下,讨论是非对错,于团队并无助益。要激发团队潜能,就必须"对话"沟通,理解彼此的思考前提。因此,需要通过有效发问,消除偏好分歧,基于相同的价值观与关注点加深对话。

在前述奥运会的示例中,我们可以问及过去,如"如果回到奥运会举办前,选一条奥运会的运营方针予以调整,你会选哪一条?"也可以直接问具体的共同行动,如"奥运会已结束,我们还能做些什么?"由此推敲彼此的思考前提,引导共同的偏好。

价值观差异导致对"东京奥运会"的评价差异(例)

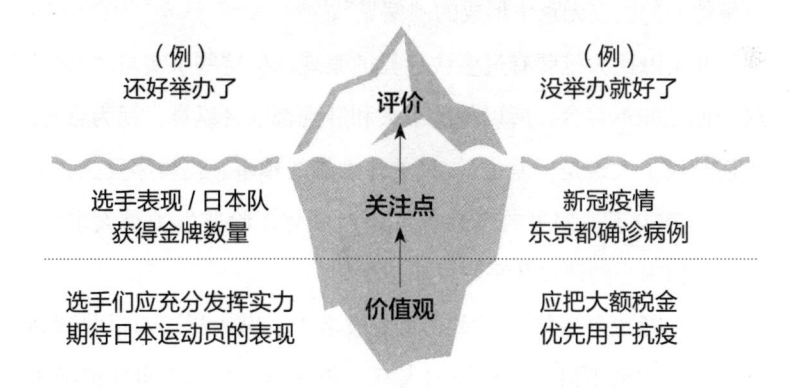

(例) 还好举办了	评价	(例) 没举办就好了
选手表现 / 日本队 获得金牌数量	关注点	新冠疫情 东京都确诊病例
选手们应充分发挥实力 期待日本运动员的表现	价值观	应把大额税金 优先用于抗疫

◎ 警惕对团队成员的"武断偏见"

直接评价特定团队成员的言论也需要警惕。

在第 1 章家电厂商 X 公司的案例中,"下属头脑僵化""领导不采纳意见"等言论就属于"武断偏见"。这类评价其实也有言中的时候,但是,团队中出现武断评价是关系固化的表现,需要警惕。

在人际交往中,武断评价基于武断偏见,**武断偏见助长关系固化**。人类这种生物常困于各种各样的偏见,但武断偏见指的是**一旦假设对方"就是如此",便会不由自主地搜集支持该假设的信息,排斥否定该假设的信息。**

日本国民漫画《哆啦 A 梦》里的野比大雄和出木杉,就是理解武断偏见的好例子。野比大雄是一个典型的差生,学习和体育都很差劲。而出木杉是个文武双全的典型优等生。"差生"和"优等生"的评价既是他们平时的成绩和行为所体现的"客观事实",也是他们的朋友无意中形成的"偏见"。

其实野比大雄曾有过多次优异的表现,但这些事实与"差生"这一偏见并不符合。所以每次小夫和胖虎都嗤之以鼻,视为意外。他们预设了大雄是"差生",只关注大雄的糗事。当糗事发生,便自以为言中了。偏见的恶性循环不断强化,除非发生重大事件,否则他们内心的假设几乎不可能被推翻。

出木杉也是这样。其实在某节故事中,出木杉因家里收到骚扰电话,成绩下滑。但周围的人都觉得"出木杉怎么可能成绩下滑",所以只把它当成是"优等生"的"马有失蹄",丝毫不影响对他的好评。

关系一旦固化，受武断偏见的影响，几乎难以改变对彼此的评价。大雄的朋友们不断发掘大雄潜在的"偏好"，形成"大雄＝差生"的"成见"，要改变这种成见，大概只有通过发问，改变固化的聚焦角度了。

武断偏见不止出现在领导对下属的评价中，下属对上司、团队成员之间都可能发生。评价性言论未必都含有偏见，但推测这些言论背后的价值观，确认是否含有偏见、关系是否因此固化等是有必要的。

08　着眼点二：未经定义的高频词汇

接下来需要关注的是**未经定义的高频词汇**。日常业务或团队沟通中，如果有反复出现的专业词汇、固有名词或独特的表达方式，应予以注意。

关于前述"评价性言论"，诊断重点在于推测评价背后的关注点和价值观。而未经定义的高频词汇则需重点关注这些词汇的"定义"。

日常会话中，主营商品、部门名称这类高频词汇数不胜数，我们主要关注那些尚未明确定义，或定义模糊的词汇。因为如果定义模糊却仍被频繁使用，那么这些词汇很可能体现了发言人所钟爱的"偏好"，或是不经意间表现出来的"成见"。

例如，在第 1 章介绍的汽车零部件厂商的案例中，"未来车载导航""人工智能"便是这种词汇。较之团队所注重的"偏好",这些词汇更让人觉得是"成见"。就像小学生的暑假作业,很多人认为它是"理所当然必须做的事"。因此我才能提出动摇成见的问题。

◎ 企业理念是偏好,还是成见?

如果企业理念成功渗透到团队中,那么理念本身就可能成为高频词汇。

我所经营的公司MIMIGURI以"Cultivate the Creativity"为使命。

我们擅长新业务拓展和品牌建设方面的咨询服务,需要对客户企业输出高质量的内容。但是,我们并非向客户单方面交付咨询成果,而是为了使客户企业的团队持续产出优质成果,从构建组织体制、改善组织氛围开始,我们便持续参与整个过程,努力激发每个员工的魅力与才能。我们提出这一使命,是希望自己不仅为客户提供"果实",还重视"耕种"(Cultivate)产生"创造力"(Creativity)的土壤。这些词汇也渗透到了一线,团队成员的日常会话中常能听到"耕种"一词。

然而,这种"共同语言"在强化团队协作基础的同时,如果词汇本身被过度解释或神化,可能导致团队出现现代病的症状。

因此,定期回顾理念的"词汇定义",反省"是否被成见束缚""偏好为何物""偏好方向是否偏差"至关重要。MIMIGURI团队也会每季度定期开展集体对话,思考"Cultivate the Creativity"为何物?这一理念背后的含义是今后仍应坚守的"偏好",还是日渐不假思索而流于形式的"成见"?

09 着眼点三:举止与应和姿态

倾听的同时分出神来,留意会上或一对一沟通中对方的举止和应和姿态,也会有所收获。

尤其是本书前面提及的指导性问题"是否有人欲言又止?"要获得与之相关的信息,更需要口眼并用。

在"冲动枯竭"的状态下,即使心头涌起行动、尝试、表达的欲望,也会强忍住不让其外露。

"偏好"和"成见"的蛛丝马迹可从言语中窥得,遭压抑的冲动却挤在"浮上心头,未能说出口的心思"里,因而**多从表情、姿态里进出**。

例如,有些人看似灵光一闪正要开口,却生生把话咽回去了,这就是压抑冲动的表现。即使没有强咽回去,如果自觉想法不够好,或者与他人的发言时机冲突,诸如此类,只要稍有阻碍,冲动便可能受到压抑。

再者,会议最后决策达成共识时的场面也需加以留意。如果只有一个人微微点头,或者众人表示同意了却显出妥协的神色,那么他们也许正如鲠在喉,只是强行把心里话咽回去罢了。

会议中的举止表现也能反映积极性和态度。虽不能一概而论,但如果会上讨论热烈，许多团队成员都忘我地身体前倾积极参与，却有一个人上身重重地靠在椅背上，那他很可能对讨论抱有疑问或感到不适，只是闷不作声。我担任会议引导师时，会在会议中段开始确认参会人员的表现。当然，这些表现也可能受到原有表现、身体状况、心情等因素的影响，因此仅供参考。

线上会议也许很难观察到参会人员的物理表现。但我们仍可通过一些与线下会议类似的线上操作获取信息，如会议讨论正酣时，有人却始终关闭麦克风和摄像头，或者即使开着麦克风和摄像头也几乎不说话等。同样的，这些操作也许是因为受到居家环境的影响，所以也权作参考。

总之，观察表情或姿态推断心理状态需要技巧。如果对自己的观察结果没有信心，干脆直接针对观察到的行为本身发问，向对方确认是否欲言又止，如"还有什么想说的吗？""还有补充吗？""真的没问题了吗？""有什么想法吗？"等。

如果团队关系恶劣，压抑表达的习惯根深蒂固，也许靠这种试探性问题也无法解放冲动。就算提问"还有什么想说的吗？"对方也可能只说"没有，嗯，算啦，现在暂且没问题。"明明有想法却不表达。但是，只要发现团队成员的冲动的确受到压抑，就能展开试错，尝试打破困境，可利用的工具便包括第4章的"设定"和第5章的"提出"相关的技巧。

以上就是初学观察者所需的诊断指导性问题的详解，读者朋友可以尝试把这些着眼点应用于团队的"诊断"实践中，看看效果如何。

3-2 ◉ 怎样发挥团队沟通的最大价值

10 仅靠现场观察有局限

基于诊断的简易确认清单展开现场观察，能够一定程度上了解团队的症状。

另一方面，要全面了解团队潜藏的"偏好"与"成见"，并对团队未来"所需改善之处"提出假设，仅靠观看和倾听是不够的。

提高诊断精度的有效做法是预设理想状态，尽可能明确理想与现实的差距。理想中，这场会议的"目的"是什么？参会的团队成员希望看到什么"情景"？应该培养谁的什么"偏好"，解放什么"成见"？

举个极端的例子，乌龟和兔子此时都出现在你眼前。兔子似乎半路睡着了，乌龟慢悠悠地正要经过它身边。这是什么情况？如果你要帮助兔子或乌龟，你会做什么？也就是说，现状需要改善什么？

答案是，信息不足，无法判断。兔子和乌龟可能在赛跑，也可能在相伴徒步。即使在赛跑，也许兔子是为了让乌龟自信起来，才故意装睡的。又或者他们只是各自自由活动而已。

它们共同的目的是什么？兔子和乌龟各自的偏好得到充分发挥的理想状态是怎样的？也就是，**团队需要改善什么，取决于"目**

标"与"现状"的差距。

另外,会议类型或团队成员特点不同,团队所需改善的地方也不同。较之仅仅观察眼前的"状况",预设具体目标更能提高诊断精确度。

11　以三角模型确定"改善内容"

熟悉现场观察后,就可以使用"沟通目的""愿景""现状"的三角模型提高诊断精度了。

诊断三角模型

```
    沟通目的 ——— 愿景
         \  必要改善  /
          \       /
            现状
```

"**沟通目的**"即会议或一对一面谈的目的。会议目的是"发布明年的经营计划",还是"为新业务提供更多方案",不同的沟通目的,通过发问促进改善的内容也各不相同。

"**愿景**"是指对团队成员在会议中的状态抱有何种期待,即关于每个人会上的表现和沟通状态的预期。比如"所有人畅所欲言""为年轻成员提供施展才华的机会"。愿景虽然并非会议的正式目的,但预设团队潜能得以激发的状态,会使会议主题更加清晰,从而让诊断更加具体。

"**现状**"即会议或谈话时的实际情景。运用前述指导性问题观察现状时,仍需留意沟通方向是否与沟通目的、愿景相一致。

反复分析"沟通目的""愿景""现状",同时对团队当下需要何种改善提出假设。

沟通目的和愿景应预先设想,而非等到会议上临时探讨。以下将说明操作步骤。

12 预先确认"沟通目的"

团队会议的目的一般有"信息共享""磨合""提案""决策""反馈",有的是单一目的,有的是多重目的。当然也有例外,不过我们暂且以此为基本框架展开说明。

沟通目的类型

1. 信息共享　　2. 磨合
3. 提案　　　　4. 决策
5. 反馈

1. 信息共享

信息共享的目的在于获取信息,形式多为资料共读或听取演讲,如公司未来战略发布、项目重点事项汇报、经营趋势或最新信息分享、基层课题汇报、进度共享、近况汇报等。

2. 磨合

磨合的目的在于统一众人对事物的认知或认知前提。职场变化速度快,团队成员的认知未必总是一致。因此,创造沟通机会,通过互相交流,让还停留在思维层面、尚未统一的认知前提或认知得以磨合也很重要。比如,销售额上个月开始下滑,对此如何看待?产品开发进度延宕,是否要在某处推翻重来?是否该重设行程?这次的项目是否成功?

3. 提案

从新产品或新服务开发,到广告营销策划,许多场合都需要"提案"。此类沟通的目的在于通过头脑风暴等手段,让成员提出尽可能多的方案,并期待能诞生突破性的创意。

4. 决策

决策的目的在于敲定具体方案,需要从多个备选方案中选取合适的一个。决策涉及的议题多种多样,如预算作何用途、传单如何设计、选择哪个概念提案进行产品化等。

5. 反馈

反馈的目的在于评价个人或团队的行为,促使其改善工作表现。多见于领导与下属的定期一对一面谈、绩效谈话、项目复盘等,也包括让优秀的团队成员以培训的方式讲授业务技巧或分享先进经验。

13 描绘团队"愿景"

在达成会议目的的过程中,应反复确认沟通目的,同时预设团队成员理想的沟通状态。

比如,"希望那位成员能践行这样的偏好""希望领导不再固执己见""希望能在沟通时毫无顾忌地畅所欲言""希望提高整个团队的积极性""希望积极交流异想天开的奇思妙想"等。

1. 信息共享

在发布公司未来经营战略的会议上,是希望笼统告知战略即可,还是希望参会者详细了解内容,或者希望消除参会者的疑虑,使其"安心"。愿景不同,会议目的也不同。

在这个过程中,应明确有助于激发团队潜能的愿景,如"希望不论立场,无所顾忌地交流顾虑之处""希望认真倾听老员工的建议""希望能在沟通中消除新员工的顾虑"等。

2. 磨合

在交流如何看待业绩下滑的会议上,是希望各抒己见即可,还是应详细交流直至统一认识。愿景不同,会议推进方式也不同。

在这个过程中,应把愿景具体化,如"不过早断定原因,重新审视认知前提""希望详细了解顾虑较多的成员的看法""希望大家认识到问题的重要性,着重积极交流如何提升业绩"等。

3. 提案

对所需提案的数量、质量、形式、可行性、创新性等方面的期待程度不同,沟通目的的层次也会不同。

在这个过程中，可预设愿景，如"希望分析视角别出心裁""希望平时只负责评价的领导也提出具有挑战性的提案"等。

4. 决策

决策方式各种各样，如从几名候选人中选出负责人，是通过投票以少数服从多数原则决定，还是通过沟通达成全员共识决定等。

在决定决策方式的同时，可描绘决策相关愿景，如"希望做出让所有人欣然接受的决策""希望选择大家愿意积极参与的方案""希望在少数服从多数原则下也照顾少数人的意见"等。

5. 反馈

若处理不当，反馈类沟通很容易变成单方面陈述改善要求。即使是领导评判下属的场合，所描绘的沟通愿景也应该包括尊重下属的潜能，如"希望你尽量自我复盘，思考改善之处""我只评价你的工作表现，至于之后如何改善，希望你自行决定"等。

14 根据三角模型记录观察，助力诊断

提前设定好的"沟通目的""愿景"，可事先记录在笔记本上，用于会议沟通。

例如，计划明天召开会议，"决定"新产品的营销策略。虽然已有数个提案，但都没有得到一致认可。所以决定讨论选出合理的方案。但可以预想，结果可能还是一如既往，以领导的喜好为主，由领导决定。

而你已经开始关注团队的潜能，于是注意到了某个年轻成员。这个年轻人平时畏首畏尾，并不积极发表看法。但他过往的表达足以证明他擅长"用户中心思维"。这场会议旨在提升现有提案质量，如果他能积极阐述基于用户立场的见解，促进热烈讨论，也许有助于提升"决策"质量。这就是你对明天会议的"愿景"。

你把这些想法记录在笔记本上，准备开会的时候对照应用。

如果实际开会时那位年轻人还是沉默寡言，决策仍旧由领导主导，又该如何？

如果你没有预设"愿景"，也许只会觉得情形一如往常，无甚特别。但预设了愿景之后，你应该就会产生危机感了。

于是，你试着向那位年轻人投去目光。如果他眉头紧锁，你的任务就要变更了——立刻设定表达门槛较低的问题，向他发问。

你可以用第4章将说到的"假设法"设定问题，结合第5章的"引起注意"的技巧，尝试再次向他发问，情形会如何呢？

"××，**我一直很佩服你对用户需求的洞察力，如果你是用户，对这次的营销策略有什么想法呢？**"

通过预设"沟通目的"和"愿景"，会议当天的"现状"观察会更准确。应充分利用三角模型，尽可能提高诊断精度。

以三角模型明确需改善之处

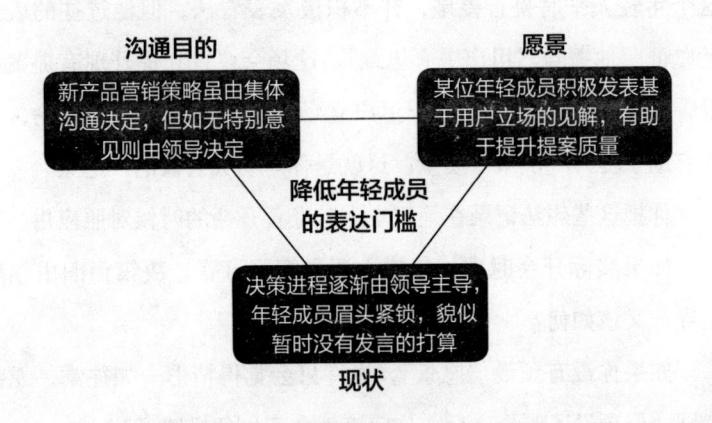

```
     沟通目的                              愿景
┌─────────────────┐              ┌─────────────────┐
│ 新产品营销策略虽由集体 │              │ 某位年轻成员积极发表基 │
│ 沟通决定,但如无特别意 │──────────────│ 于用户立场的见解,有助 │
│ 见则由领导决定       │              │ 于提升提案质量       │
└─────────────────┘              └─────────────────┘
              降低年轻成员
              的表达门槛
                   │
           ┌─────────────────┐
           │ 决策进程逐渐由领导主导,│
           │ 年轻成员眉头紧锁,貌似 │
           │ 暂时没有发言的打算    │
           └─────────────────┘
                  现状
```

15　描绘三个月后的愿景

假如一次会议的改善效果不明显,也可以设定稍长期的"愿景"。

比如一个季度。人和团队的成长、改变,一次会议也许难以实现,但三个月绰绰有余。

能描绘三个月后的"愿景",一个月后的情况自然也可以想象得到。如果一个月内每周有一次例会或面谈,则一个月大约有四次机会,这样的频次正适合尝试改善团队,动摇成见。

16　偶尔反省沟通目的，要求改变

使用三角模型反复诊断后，也许你会发现原本设定的沟通目的并不合适了。

例如，最近的例会原计划是策划新产品，但其实应先开会"磨合"想法，统一认知，沟通提案的价值标准和项目愿景。这类会议就要先探讨会议目的再安排提案。

即使你没有决定会议议程的权限，也可以向团队发问，建议改变"沟通目的"，如"感觉提案的评价标准并不一致，大家觉得呢？""要不要先再明确一下愿景或目标？"

其实，许多团队并未全面了解自己面临的真正问题和解决方案。所以在**观察眼前状态的同时，也需要纵观全局**，掌握团队及组织的整体状况。

COLUMN
观察的能动态与中动态

本章中介绍的编辑佐渡岛庸平先生，我曾和他探讨过"观察力"的问题。

佐渡岛认为克制"评估"，接受"混沌"很重要，因此，应聚焦"在（being）"，而非"做（doing）"。本书与该观点相对应的内容，便是在会议中观察参会人的"状态"，而非"行为"。这对"诊断"会议沟通情况也极具启发。

受这次谈话启发，我提出一个假设：观察者也存在两种观察模式——"做（doing）"和"在（being）"。

哲学家国分功一郎在著作《中动态的世界》指出，印欧语系中存在"中动态"，这种言语形态无法以能动态（做）和被动态（被）的二元论解释。

"做（doing）"模式的观察也就是"能动观察"。如"我观察"，是主谓明确，包含主观意志的行为。本书所说明的会议中的观察行为也属此类。

但是，比如"对什么感兴趣"，便与主观意志这种有意识的目的无关，而是日常对某事物的"无意识关注"，是一种自然而然的体验。这就是"在（being）"模式下的观察，也可称之为"中动观察"。

本章指导性问题中的"偏好是什么？"这一问题，就不应运用在能动观察中，而应作为中动观察的基础，了解观察对象无意中表露的倾向。要达到理想的观察效果，也许应预先抱定宗旨，相信人人皆有潜能，必定有偏好等待发现。

能动观察和中动观察

能动观察做（doing）	中动观察在（being）
凝视	俯瞰
动态	静态
攻击状态	准备状态
随时启动	经常启动
适应状况	不改变状况

第4章
发问切中要害,升级管理效率

本章将解说有效发问步骤循环中"设定"问题的方法。

首先,是设定问题的整体步骤。设计问题应结合自己在团队中的立场和原有沟通风格,按照"明确未知数""调整方向""限定"三步骤设定问题。

其次,是应用广泛的两种发问模式及其六种固定类型。两种发问模式分别是深度发掘偏好的"深挖模式"和动摇成见的"动摇模式",它们又各自分为三种固定类型。

最后,我将解说如何通过组合多个问题确立会议"流程",促进积极变化的产生。

4-1 ⦿ 用问题"高亮"会议中的创意

01 即兴发问与计划发问

诊断团队沟通情况后，就要设计具体问题，促进改善。设计问题应以培育团队偏好、反省成见为目标，调整发问的聚焦程度和角度。

发问分为计划发问与即兴发问。

计划发问是基于**诊断阶段确立的"沟通目的"与"愿景"，在会议或谈话前预先准备好问题**。储备几个预计有效的问题，发问时可以更从容。

如果你是会议的主持人，**用多个问题把会议串联起来，也可有效引导促进改善**。诸如引导参会人独立思考会议议题的问题、缓和气氛的问题、发散思维的问题、推动决策的问题等，可以通过组合多个问题，设计会议流程。我担任会议引导师时多使用这种方法。至于如何组合多个问题，我将在本章后半部分说明。

即兴发问并非预先准备问题，而是观察会议现场的情况，**即时"诊断"，设定适当的问题然后再发问**。因为准备时间不充分，所以很难即兴设定精练的问题，但是可以根据现场情况提出恰当的问题。如果无法预测团队沟通情况或成员的情绪，或者出现意外情况，就只能即兴发问。

即使事先设计了会议流程，如果当天诊断发现预设的问题未能激发参会人的冲动,或是偏离了沟通目的,我会当场切换为即兴发问。

无论何种情况,设定问题时都应遵循第 2 章中说明的基本规则,基于改善目标而精心设计问题。

但是,在说明设定问题的技巧前,必须考虑几个前提,我们应先对此有所了解。

设定问题需要考虑的前提
1. 考虑自己在团队中的立场和职能
2. 结合自己原先的角色和沟通风格

02 前提一:考虑自己在团队中的立场和职能

企业中,有高层管理者、领导小团队的中层管理者、没有管理职能的一线老员工、刚入职的新人等。你在团队中的立场和职能影响着发问的含义和效果。

身居高位的好处在于能轻易调整会议目的和议程。如果你是高层管理者,最理想的做法是充分诊断后,设定团队"真正应该解决的课题"。假使课题设定得当,以此为基础设定恰当的会议目的和议程,会议效果自然水到渠成。相较于因为会议课题和沟通目的设定得一塌糊涂,而为发问煞费苦心的情况,这种办法要高效得多。

但是,身居高位也有坏处。**无论你的本意如何,自上而下的**

发问会形成不平等的关系。如果身居高位者还负责团队的绩效考评，就更是如此。

在这种情况下，虽然能轻松控制会议目的和议程，但难以引导下级成员畅所欲言。所以，需要在设定问题时顾及由立场造成的心理影响。

反之，如果你在团队中人微言轻，势必难以影响会议目的的设定或议程的调整。在工厂型价值观根深蒂固的组织中更是如此。只能在领导安排的既定课题中试错，是人微言轻的坏处之一。

但是，人微言轻也有好处。比起管理者，经验不足的新人更容易发现团队成见，也更能以"朴素的问题"尝试动摇成见。而且，没有管理职能的人不会给其他人带来心理威胁，有助于引导出参会人的真实看法。

身居高位者需要注意的是，发问不是**攻击组织或团队的手段**。我们始终应该结合自身的立场积极发问，以激发包括领导在内的团队"伙伴"的潜能。

03 前提二：结合自己原先的角色和沟通风格

你平时话多还是话少，善于倾听还是善于表达，讲究理性逻辑还是情感直觉，装傻充愣还是直言不讳，诸如此类，你的性格或特点影响着别人对你所提问题的感受和认知。

我把这种沟通中的行为倾向称为"沟通风格"，并进行了归类整理。称其为"风格",是因为即使每个人的沟通方式受到原本性格的深刻影响,但仍可凭后天的训练加以调整或改变。

沟通风格的差异

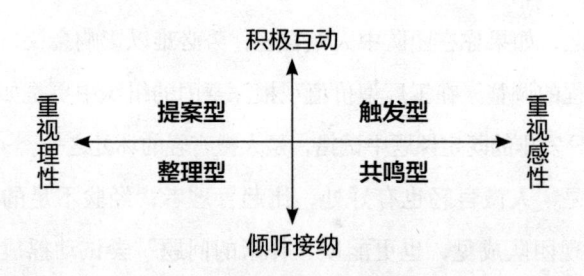

```
                        积极互动
                           ↑
    重        提案型    |    触发型         重
    视   ←─────────────┼─────────────→    视
    理        整理型    |    共鸣型         感
    性                  ↓                 性
                       倾听接纳
```

纵轴分为"积极互动型"和"倾听接纳型"。

横轴分为"理性型"和"感性型"。各象限的特征总结如下:

1. 触发型(积极互动 × 重视感性)

倾向于赋予团队正能量,激发团队冲动。

2. 提案型(积极互动 × 重视理性)

倾向于提出有说服力的分析视角,激发思考。

3. 共鸣型(倾听接纳 × 重视感性)

倾向于倾听团队成员的真实想法,激发共鸣,加深对话。

4. 整理型(倾听接纳 × 重视理性)

倾向于客观认识团队成员的见解并加以梳理。

有些人始终风格鲜明,有些人视情况调整风格。比如有的人在职场是共鸣型,私下和好友在一起就变成了触发型。

本书旨在激发职场团队的潜能，所以读者朋友可以根据自己在职场中的状态，判断自己属于什么类型。

另外，需要注意的是，越是经验少、信心不足，越容易仰慕与自己相反的风格类型，勉强自己以不符合原本风格的方式发问。

我个人属于左上角的"提案型"，擅长提出有说服力的分析视角，打开沟通局面。但是，我二十几岁刚被委任为会议引导师时，曾固执地认为引导师应善于倾听和引起共鸣、制造和谐的沟通氛围。但现在我总是提醒自己要保持自我，自然发问，无须勉强自己尝试不擅长的风格。

每个人的沟通风格未必适用于所有的沟通目的和团队症状。在即兴发问中，我们常常需要使用自己不擅长的发问方式。所以，为了从容应对不至于卡壳，应储存一定数量的问题，做好充分准备。

04　设定问题三步骤

设定具体问题时要谨记自己的立场与沟通风格。在"诊断"阶段，我们基于诊断结果提出关于"所需改善之处"的假设。为了促进改善，接着就要设计问题，以激发团队成员做出符合我们期待的回应。

设定问题的步骤

步骤1　确定未知数

步骤2　调整方向

步骤3　限定

步骤1：确定未知数

希望通过发问明确什么？希望询问对方什么？

从决定聚焦哪些未知数开始设定问题。

（例）"本公司产品服务的价值"在团队中定义模糊，把它确定为未知数。

步骤2：调整方向

调整问题的主语和问题涉及的时间点。

（例）"你希望本公司的产品服务今后为用户提供什么样的价值？"（提问方向以个人为主语 × 摸索未来意愿）

（例）"用户过去如何评价本公司产品服务的价值？"（提问方向以用户为主语 × 追究历史）

步骤3：限定

如发问基本规则二所说的，引导对方发表见解需适度限定问题。

（例）"你希望三年后本公司的产品服务为用户提供什么样的价值？"（限定时间范围）

（例）"请提出三点用户过去对本公司产品服务价值的评价？"（限定回答方式）

大致确定未知数，调整问题的方向如主语等，适度限定范围，就是设定问题的基本步骤。下面将更加详细地解说各个步骤的操作思路。

05 设定问题步骤一：确定未知数

确定未知数时，诊断阶段得出的假设可作为参考信息。对此，我将通过案例进行详细说明。

Y公司是医疗保健领域的消费品厂商，主打"健康之美"的理念。近年来，竞争对手通过开发个性化产品对抗Y公司的长年畅销产品，Y公司对此颇有危机感。

因此，Y公司安排研发部门和营销部门组成协作创新项目小组，旨在提出创新方案。希望新提案既不影响传统畅销产品所奠定的既有品牌基础，又能提供打破常规的突破性创新概念。

两个部门开始磨合项目认知，召开会议尝试交流想法，摸索提案的方向。但是，Y公司一直以来都是靠脚踏实地的持续研发建立品牌优势的，研发部门的老员工难免容易在推进项目时唱主角。而营销部门的员工，尤其是年轻员工对该项目的态度略显消极。

要想在维持既有品牌基础的同时实现突破性创新，除了研发部门的专业知识，还需要营销部门特别是年轻员工的建言献策。因为他们对生活方式的变化敏感，不易受到固定观念的束缚。

然而，无论开多少次会议，提案的总是研发部门，内容也大多似曾相识，只是原有技术的延伸。营销部门的提案寥寥无几。

该公司一直重视的"健康之美"理念是创新项目的主要议题，会上也时常被提及。营销部门的年轻成员自入职起就接触这一概念，但似乎并未充分理解和认同它。

对于这种情况，按照三角模型进行诊断，结果就如下图所示。

消费品厂商的情况

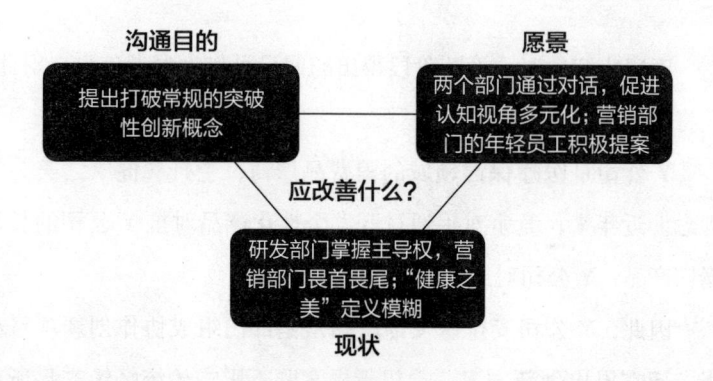

```
沟通目的                          愿景
┌──────────────┐          ┌──────────────────┐
│提出打破常规的突破│          │两个部门通过对话，促进│
│  性创新概念   │──────────│认知视角多元化；营销部│
└──────────────┘          │门的年轻员工积极提案│
                          └──────────────────┘
              应改善什么？
              ┌──────────────┐
              │研发部门掌握主导权，营│
              │销部门畏首畏尾；"健康之│
              │  美"定义模糊  │
              └──────────────┘
                  现状
```

◎ 所设定的未知数应与团队目标挂钩

在这种情况下，为推动项目，设定问题时应以什么作为未知数呢？

简单直接的做法是**根据"沟通目的"或"愿景"的关键词设定问题的未知数**。在这个案例中，可以把创新提案、营销视角的提案等设为未知数，形成下列问题。

（例）"**怎样的创新提案**能打破常规？"

（例）"**营销视角下的创新提案是怎样的？**"

但是，这不过是在重复既定的会议目的。如果这种简单粗暴的发问方式能够促进改善，我们也无须煞费苦心了。为了使问题所聚焦的未知数有利于实现团队目标，就需要注重后续两个步骤，即"步骤二：调整方向""步骤三：限定"。

把刚才的问题示例稍作修改，就可形成如下问题。

（例）"**过去的产品中有哪些因素限制了创新？**"

（例）"如何既不改变技术规格，又让用户对产品价值的感受焕然一新？"

上述就是基于"沟通目的"和"愿景"设定问题未知数的做法。

设定问题未知数时，聚焦团队目标有利于增强团队凝聚力。调整提问方向和限定问题固然重要，但是如果团队遗失了初衷，项目进度相当于止步不前。那么精心设定未知数，明确目标，可使团队再次团结，齐头并进。

◎ 以未经定义的关键词为未知数

在Y公司的案例中，经现场观察发现，"健康之美"这一关键词虽然频繁出现，但定义模糊，理解上存在分歧。

"健康之美"这种"未经定义的高频词汇"，看似是该团队所珍视的"偏好"，但也可能是抑制团队潜能的"成见"。

团队目标已定却止步不前，多是因为团队"偏好"模糊不清，或是无益的固定观念转化为"成见"，激化分歧。

应对这种情况的有效办法是，**把未知数设定在模糊不清的"偏好"方面以深挖偏好，或设定在渐成枷锁的"成见"方面以动摇成见。**

本案例中，设定问题时可把未知数设定在"健康之美"这一关键词上。

如果把问题的未知数设定在未经定义的关键词上，有效做法是使用带有疑问词"Why"（为什么）、"What"（是什么）的简洁问题结构。

（例）"'健康之美'为什么重要？"（Why 型）

（例）"'健康之美'是什么？"（What 型）

含有"Why"的问题，可以通过确认"健康之美"的**意义**，明确该词是团队应重视的"偏好"，还是已流于形式的"成见"。如果是"成见"，该问题也有利于改善"目的流于形式"或"认知固化"的现代病。

含有"What"的问题，可以通过确认"健康之美"的**定义**，促使每个团队成员反省自己的认知及其所反映的价值观。

健康是什么？美是什么？反省自己的价值观，交流彼此的想法，以此明确每个人对该词的认知是基于何种标准、认知前提有何分歧。

这种发问还可以促成建设性的对话沟通，使团队成员摆脱"关系固化"的现代病，加深互相理解。

06 设定问题步骤二：调整方向

未知数一经确定，就可以调整问题方向了。问题方向主要有两类，分别是"主语"和"时间"。

首先要分析的是，被提问者希望以什么为"主语"。即使问题聚焦的未知数相同，但主语不同，对方的反应也大不一样。

比如，对于问题"为了让公司变得更好，应如何改变？"有以下 4 种变形。

"为了让公司变得更好，**你**应如何改变？"

"为了让公司变得更好，**团队**应如何改变？"

"为了让公司变得更好，**组织**应如何改变？"

"为了让公司变得更好，**社会**应如何改变？"

四个问题的未知数都是"需要改变的内容"。但是，在希望对方回答的问题中，仅仅是主语的抽象度或层次不同，给人的印象或引起的思考便迥然有异。因此，问题的主语对聚焦的角度影响极大。

◎ 提高主语的抽象度，促进团队视角宏观化

主语越抽象，回答者的视角越宏观。

如果团队成员的视角仅限于各自的业务和手段，形成固定观念（认知固化、目的流于形式），各人自扫门前雪，认知前提存在分歧（关系固化）。那么设定问题时可以把主语提高到"团队"或"组织"的高度，统一视角，再展开对话沟通。

如同第 1 章介绍的"三个砖瓦匠"中的第一个瓦匠那样，有些团队成员看待工作的视角只落在个人身上，认为自己"只是在砌砖"。针对这种情况，我们可以改变问题中主语的层次，如"我们为什么要砌砖？""这家企业通过砌砖对谁提供了怎样的价值？"以此动摇他们原有的认知。

如果希望进一步提升视角，把主语的层次提高到"社会"，便可形成超越组织的宏观视角。如果因此反而让问题脱离现实，可把主语设定为组织以外的其他主体，如"市场""消费者""用户"等，从而转换思考角度。

◎ 主语聚焦个人，促进切身思考

反之，如果团队成员把问题的原因归结于"组织"或"社会"，推卸责任，不愿主动试错。那么提问者就需要**把主语层次下调至"你"，促进切身思考。**

但是，"为了让公司变得更好，你应该如何改变？"这种问题本身就有追责的意味，令人倍感压力。如果你是团队的管理者，对方也许会产生被诘问之感。

按照有效发问的基本规则一"发掘对方个性，尊重偏好"和规则三"撩拨玩心，激发回答欲望"，对问题稍加调整，就可以让对方更愿意表达。

如"为了让公司变得更好，**你有什么想挑战**的事吗？"

"为了让公司变得更好，有什么是**你能做**的改善措施？"

"为了让公司变得更好，你想发起什么样的**符合你风格**的改革？"

或者，即使不必非把主语定为"你"，而是语气稍缓和些，换成"我们每个人"等。也能维持切身思考的视角，同时让问题给人的感受焕然一新。

"为了让公司变得更好，有什么是**我们力所能及的？**"

所以，**问题中主语的层次极大影响对方看待问题的视角和感受。**你是希望让对方切身思考，还是以团队立场思考，或是拥有组织或社会的宏观视角？主语层次的调节取决于你的发问目的。

调整主语层次

抽象程度：高

社会
组织
团队
个人

抽象程度：低

◎ 回顾过去，抑或放眼未来

设定问题方向时，"时间"是另一个基础要素。

我们需要考虑团队应回顾"过去"、直面"现在"，还是放眼"未来"。

日常工作普遍节奏快，团队会议或一对一面谈的话题自然容易聚焦于"现在"，我们不太有时间悠闲地回顾"过去"，或遐想"未来"。为促进创新，有意识地设定时间可以明确问题范围。

以前述的"主语层次"高低为纵轴，把时间作为横轴，问题的方向可归纳如下图。

问题方向归纳

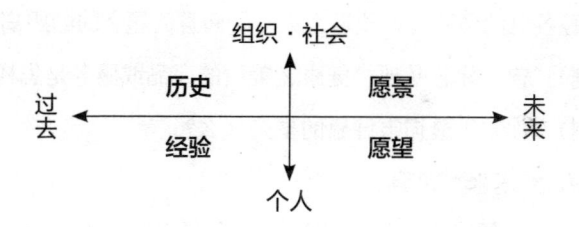

```
              组织·社会
                ↑
       历史     |    愿景
过去 ←──────────┼──────────→ 未来
       经验     |    愿望
                ↓
               个人
```

组织·社会 × 过去 = 历史

回顾过去等于聚焦"历史"。我们平时可能不太了解自己公司或社会的历史，但回顾历史变迁、发展契机及其根源，可为我们重新审视自己的"偏好"和"成见"提供参考。

（例）"这家公司为什么会开始偏好'健康之美'的价值观？"

（例）"这家公司一直以来是如何看待和践行'健康之美'的？"

（例）"社会关于'美'的价值观是如何变迁的？"

组织・社会 × 未来 = 愿景

放眼未来等于构想"愿景"。如果构想公司的愿景有些困难，也可以把范围缩小到部门或团队。团队协作的意义在于集结群体之力，创造个人无法实现的巨大价值。聚焦目标的问题能够激发团队的活力，如"现在努力工作是为了实现怎样的目标？"

（例）"我们心中理想的'美'是什么？"

（例）"10年后的'健康'会是怎样的？"

个人 × 过去 = 经验

回顾个人的过去等于聚焦团队成员的"经验"。"历史"或"愿景"这类宏观视角固然重要，但认知视角仅停留在宏观层面，也许很难让人设身处地看待问题。个人过往的亲身经历最能唤起切身体会，回顾各自的经验可以拉近个人与所回答问题之间的距离。

（例）"曾让你感受到'健康之美'的商品或服务是怎样的？"

（例）"你做过最损害健康的事是什么？"

个人 × 未来 = 愿望

放眼个人的未来，等于从社会或组织的愿景中细化出个人的"愿望"。"我想这样做""我想变成这样"等就是个人对未来的期许。对构想团队愿景而言，基于个人视角思考未来既是前奏，也是催化剂。

（例）"你希望在年老之后保持的'美'是什么？"

我们不必要把自身情况套入上述某种模式，但可以结合团队所需，综合调整提问方向。

07　设定问题步骤三：限定

设定问题的最后工序是**适当限定**。

回答者会为回答问题中聚焦的未知数绞尽脑汁，调动各种必要线索，如第2章所说的记忆、记录、知识、外部信息、价值观等。

限定问题等于为信息查找划定大致范围，主要有4个具体的有效技巧。

限定技巧

1. 限定话题
2. 添加形容词
3. 限定回答范围
4. 限定回答方式

我将以限定较少的问题为案例解说这些技巧。比如，某公司计划把工作方式切换为远程办公模式，但迟迟难以实现，为此召开团队会议，商量具体对策。请思考这种场合的发问内容。

"应如何推进远程办公？"

这个问题限定十分宽松，只提示了"推进远程办公"这一前提，任何意见都来者不拒。因为缺乏主语，回答既可以针对个人，也可以针对公司制度，都有可能。

问题限定得少有利于发散思维。但众说纷纭，容易使沟通趋于散漫。

◎ 限定话题，让思考聚焦

第一个限定技巧是**限定话题，让思考聚焦**。根据原来的问题，可以衍生出无数话题，但我们要预先限定话题，如"公司规定""工具支持"等。

"为推进远程办公，应制定怎样的**公司制度**？"

"为推进远程办公，需要怎样的**工具支持**？"

"为推进远程办公，需要怎样的**交流机会**？"

越具体的问题越好回答，即使是头脑风暴的提案会议，限定话题也能使观点易于归纳，避免众说纷纭。

另一方面，**话题限定过多反而有阻碍表达的风险**。关于推进远程办公的问题，也许对方已想到公司规定或交流机会方面的信息，但如果你进一步追问"需要怎样的工具支持？"那么对方会担心话不对题，就欲言又止了。而且，如果你在团队中身居高位，更会加深下属的服从意识，催生"冲动枯竭"的病症。

另外，**你身为提问者，未必没有"成见"**。以偏颇的视角限定话题，会让团队的思考局限于你的成见，真正重要的话题反而会被忽视。

所以，务必经常自省是否选择了真正重要的话题，如果不放心，在限定话题之前，可向团队成员征求意见。

比如，可以就问题的限定方式征求意见，"在思考推进远程办公事宜时，我打算在今天的会议上围绕公司规定展开讨论，大家觉得如何？还有其他想要讨论的话题吗？"

有效限定话题还能动摇团队的固定观念。例如，当你感到沟通太过聚焦于"线上措施",便可把"成见"以外的话题列出。

"为推进远程办公,办公室应承担怎样的功能?"

把焦点放在"办公室"上,也许能使一味聚焦于线上措施的参会者拓宽思路,发散他们的思维。

◎ 添加形容词,促进内省和对话

第二个限定技巧是**在问题中添加形容词**。"好的""丰富的""美丽的""愉快的""新的""便利的"等,这些体现价值取向的形容词可以强化问题的情感色彩。与限定话题类似,它能够轻易强化问题的表达效果,而且可以和限定话题组合使用。

比如,我们可以尝试为前述问题"应如何推进远程办公?"加上形容词。

"为了**愉快**地远程办公,应制定怎样的公司制度?"

"为了**舒适**地远程办公,需要怎样的工具支持?"

"为了让远程办公更**充实**,需要怎样的交流机会?"

"在远程办公模式下,办公室**不同以往的**新功能是什么?"

给问题的前提或未知数加上形容词,问题给人的感受便会不同。

另外,有时问题中的未知数已有形容词修饰,前述保健品厂商 Y 公司的"健康之美"就是这样。在这种情况下,把形容词**调整为其他含义的词汇**也是有效的。

"'**不健康的**美'是怎样的?"

"'**让人想要模仿的**美'是怎样的?"

我经常使用的技巧是,把积极形容词和消极形容词成对提出,列出各自的示例，然后询问它们的区别。

"健康之美和不健康之美的区别是什么？"

"让人想要模仿的美和让人不想模仿的美分别是怎样的？"

当参会者的想法雷同，对话陷入僵局难以突破时，这种技巧有助于梳理思路，拓宽对话维度。

如上所示，活用形容词可以限定问题的价值标准。这种问题促使回答者反省自我价值观，并与其他参会者的价值标准进行对照、磨合，从而增加对话机会。

◎ 限定回答范围，避免过度发散

第三个限定技巧是**限定回答范围**。较简单的做法是限定时间，如时期、期间等。

比如关于团队工作方式有以下问题。

"在远程办公日益普及的未来，你期待实现怎样的工作方式？"

这个问题的主语是个人，方向定为未来，看似十分具体，但"未来"是几个月后还是三年后，或者五年后、十年后呢？每个人所设定的时间不尽相同。

把时间设定在几个月后的人，也许考虑切身问题，如"育儿与工作相平衡的工作方式"。设定在 3 年后的人，可能会想中期人生规划，如"虽然暂时无法实现，但我希望搬到那个地区"。而设定在更遥远未来的人，其想法或许天马行空，如"我怕生，最好未来能在 3D 虚拟办公室里和虚拟伙伴沟通协作"等。

这些奇思妙想突显个性，十分有趣。但为避免思路凌乱，在问题中限定时间更容易整合观点。

例如,"在远程办公日益普及的三年后,你期待实现怎样的工作方式?"

◎ 限定回答方式,引导发散与聚焦

第四个限定技巧是**限定回答问题的方式**。

比如,"为了更愉快地远程办公,应该制定怎样的公司制度?"这一问题,如果回答方式限定如下,就会给人不同的感受。

"请按照现在**公司规定格式**制作书面方案。"

"给你 5 分钟,无论想到什么提案,请**全写下来**。"

"如果**只举一例**,你会想到什么?"

"如果最后**只留三条**公司规定集中探讨,你会举哪三条?"

"你好好想想,下周会议上**花 10 分钟演示**你的方案。"

所以,限定回答格式、所需时间、答案数量等,回答者的思考和回应方式也会改变。

关于思考方式,大致可分为**"发散"**和**"聚焦"**两种模式。

发散与聚焦

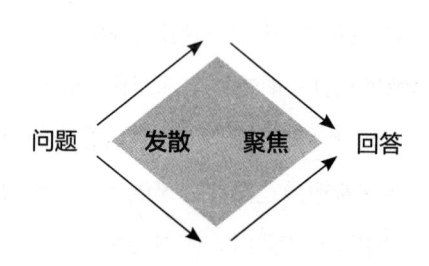

问题 → 发散 聚焦 → 回答

发散，即广泛探讨与问题有关的信息。

聚焦，即限定回答范围，直达结论。

提问者限定何种回答方式，取决于他希望沟通对象以何种模式思考。

如果希望引导发散思考，**限定的回答方式应有助于畅所欲言**。比如降低表达门槛，"如果只举一点，你会想到什么？"或者直接引导发散思考，"给你5分钟，无论想到什么提案，请全写下来"。

如果希望引导聚焦思考，限定的回答方式应能够给对方施加限制，**引导深思熟虑的回答**。如"按照现在公司规定格式""最后只留三条公司规定集中探讨"，这类问题限定较严，回答者不得不认真对待。如果参会者已进行了某种程度的发散思考，可以收紧限定程度，引导聚焦思考。

如果希望对方自己决定思考模式，可以延长回答所需的时间，让回答者自由思考，如"你好好想想，下周会议上花10分钟演示你的方案"。但是，这种发散思考能否如期提交满意的答案，是因人而异的。

◎ 如果还不熟练，就慢慢来

至此，设定问题的三个步骤已解说完毕。

如此详细的解说也许一时难以全部消化。如果还不能熟练掌握，也不必对所有的发问设计都拼尽全力，只需先聚焦于那些重要的发问即可。如果你特别希望通过某些会议激活团队潜力，可专门为其做周密的准备。刚刚开始实践时，应耐心完成诊断和设定步骤，注重"计划发问"的质量,而不必立刻展开"即兴发问"。

起初,我自己也曾经为了准备一场会议的问题花费数日,甚至数周。这就好比做菜,心急吃不了热豆腐。刚开始的时候,还是要对照菜谱,把每个步骤做得完整、扎实。

等到厨艺精进,凭眼力就能估算食材分量、调节味道了。同样的,"计划发问"的经验越多,"即兴发问"的能力越强。因为,渐渐地你能够敏锐感知沟通中的关键所在,瞬间锁定未知数,再调整方向或限定目标,便能当场提出。

如同会做饭的人一打开冰箱,就能立刻把现有的食材组合、转化为当天的菜单。只要反复练习计划发问,不知不觉地,"即兴发问"就不再是难题了。

正如"炸鸡"和"咖喱"这种百搭菜,现实中也有适用于任何情况的百搭发问模式。下节将介绍六种应用广泛的有效问题类型,以备不时之需。

4-2 2个发问模式，将对话进行到底

08 区分深挖模式和动摇模式

在说明有效的百搭问题前，先介绍"深挖模式"和"动摇模式"这两种发问模式的区别。理解了这一点，再结合实际情况确定选用何种模式，就足以使发问切中要害了。

◎ **深挖模式**

如果团队成员的认知前提、共同价值观、个人见解、**团队核心"偏好"**等**模糊不清**，深挖式发问可以确认沟通前提，挖掘每个人潜藏的个性和价值观，帮助厘清这些关键信息。这种发问模式应用广泛，它分为"外行问题""追根溯源""真善美"三种类型。

◎ **动摇模式**

动摇模式可质疑固定观念、价值观偏差等"成见"，探索新的**可能性**。动摇模式打破成见的方式有：改变习以为常的表达方式、转变思考角度、直接打破固定观念等。这种模式应用较为普遍，主要包括"释义""假设法""破除偏见"三种类型。

两种模式和六种问题类型

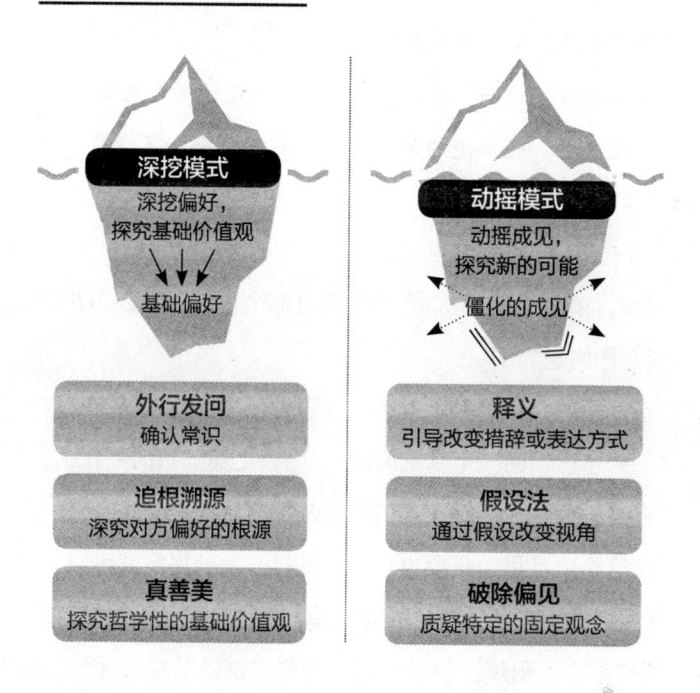

深挖模式	动摇模式
深挖偏好，探究基础价值观 → 基础偏好	动摇成见，探究新的可能 ← 僵化的成见
外行发问 确认常识	**释义** 引导改变措辞或表达方式
追根溯源 深究对方偏好的根源	**假设法** 通过假设改变视角
真善美 探究哲学性的基础价值观	**破除偏见** 质疑特定的固定观念

09 深挖模式一：外行问题

所谓外行发问，就是针对团队内被视为认知前提的常识，提出看似不专业的**朴素问题**。

对于被团队视作常识的认识，如价值理念、默认规则、业界标准、专业用语等，如果稍有疑问，就要确认其含义。一旦察觉到众人未必充分理解这些所谓的"常识"，就可提出外行问题加以质疑。

外行问题的问题模式

"不好意思,这个指的是什么?"

"不好意思,问一个基础的问题,这个是什么意思呢?"

"不好意思,我知道的不多,所以我想了解一下做这个项目的目的是什么?"

比如,前述保健品厂商 Y 公司的那个创新项目,若以外行问题发问,则问题如下:

"不好意思,我想确认一下,我们为什么要开展创新项目?"

"不好意思,问一个基础问题,'健康之美'指的是什么?"

"但是,为什么要研发部门和营销部门协同推进呢?"

"在这个项目里,只要出现让人耳目一新的提案就可以了吗?"

这些问题旨在确认项目的大前提。也许会被认为是没有认真听讲,惹得对方不耐烦。但是,对于这些"基础前提",团队内的认知未必一致。许多时候,人们虽然并未充分理解这些前提,但是看旁人也不问,就视作理所当然。于是大家都懒于思考,不加思考就匆忙工作了。如果放任这种状态,团队就会渐渐患上"现代病"。

首先确认这些默认前提,便是外行发问解决的问题。

◎ 利用立场和借口,基于"AKY"发问

在日语中,曾经流行的"AKY"一词,是"故意不迎合氛围"的简称,意指在群体中不随波逐流、标新立异的举止态度。"外行发问"就是 AKY 式发问。

如果单刀直入惹人不快，可适当**添加前缀，如提前致歉**。

"不好意思，我想确认一下……"

"可能我问的是个常识……"

"我理解得不够充分，可能问题有点蠢……"

外行发问也许会被别人嘲笑"怎么连这个都不知道"。但是，你把原本模糊不清的认知前提暴露出来，那些抱有相同疑惑的团队成员必定对你大为欣赏。要减少被嘲笑的可能，巧立托词是聪明的做法。比如，在问题前加上一句"如果这个问题非常愚蠢的话，我先跟各位道歉……"

在为客户团队引导会议时，我自己也经常用外行发问。以第 1 章介绍的汽车零部件厂家为例，他们当时正因为"人工智能驱动的未来车载导航系统"，而我鼓起勇气，提出 AKY 式的外行问题："大家为什么要制造车载导航呢？"这一问题顺利点燃了团队的激情。

这个问题如此外行，不仅因为我对汽车一窍不通，是个连驾照都没有的外行，也因为我对他们而言，是个"外人"。

内部成员也可以运用外行发问。特别是团队中的年轻成员和资历较浅的新员工，利用这种立场提出外行发问更具优势。

但是，不假思索的提问态度可能给人以"懒惰"的印象。为了使发问不惹人讨厌，可在问题中添加**个人见解**，如：

"不好意思，我想先确认下这个项目的前提信息。我对项目目标的理解是'重在提出让人耳目一新的创新提案'，但我看了发下来的材料，不是很明白……"

只要注重问题前缀，即使不是新手，资深员工或管理者也能顺利变身"外行"。

"不好意思,我有点不明白这个项目的前提条件了,它指的是什么呢?"

"虽说老员工不太应该问这种问题,但公司为什么这么执着于'健康之美'呢?"

管理层没有履行说明责任,反而提出外行发问,这看似本末倒置了。然而,身居高位的人率先提出疑问的意义在于,打破心有疑惑却无人敢问的氛围。

让团队成员明白身居高位者也未必知道答案,可以增强团队的心理安全感。所以要谨记,团队中任何人都有权以"外行"的身份提出疑问。

学术界的演讲中,经常能听到这样的前缀:"这个问题有点外行,不好意思"。它是教授等专家指出别人的低级错误时常用的措辞。因此,我们应切记,外行发问要避免让对方产生受到攻击或讽刺的感觉。

10 深挖模式二:追根溯源

追根溯源是深挖对方偏好根源或背景的发问模式。

即使了解彼此的兴趣爱好,也未必知晓这些兴趣爱好得以形成的根源,如产生的原因和契机等。

工厂型组织倾向于以人的外在特征认识一个人,如"年龄""性别""职能""专业技术"等。这种认识方式也许足以满足高效分工的要求，但是，在工作坊型组织中，**一旦深入理解彼此偏好的根源，便会产生惊人的团队凝聚力，更容易激发团队的潜能。**

因为即使价值观或认知前提有分歧，但只要彼此关系不易固化，也能渐渐尊重各自的差异。近来，团队的"多样性"日渐受到重视。如果不了解彼此偏好的根源，团队多样性也难有用武之地。

个人偏好的根源如同植物之根，平时都深深埋藏在地下。正如基本规则部分所说，要探究根源，就要对对方的个性感兴趣并予以关注，而非聚焦对方的失态或无能之处。

追根溯源的发问模式

"你的偏好是什么？"

"为什么偏好这个？"

"你是什么时候开始偏好这个的？"

"这两个偏好有什么不同？"

追根溯源式发问不仅能深挖成员个人的偏好，也能用于深挖组织的偏好。在深挖组织偏好时，有效的做法是在问题中加入比较对象，询问二者的区别，如"我们的产品和竞争对手的产品在价值上有何区别？""我们有什么偏好是对手公司所没有的？"

◎ **一旦发现偏好的苗头，就以 Why 和 When 直接深挖**

在日常工作中，特定成员体现偏好的言行举止、团队坚持的核心观念,都是发掘偏好根源的材料。

发表的策划案、头脑风暴的提案、费时收集的资料、迟迟不通过提案的管理者的言论,还有诊断阶段聚焦的"评价性言论"等,也都是追根溯源的线索。

察觉到偏好的苗头却无法确定,可通过发问向对方确认其偏好所在,以准确锁定偏好。

每个人潜藏的**"偏好"不是一朝形成**,而是过往人生经验日积月累形成的。所以,明确苗头位置后,便可运用"Why"(为什么)和"When"(什么时候)进行深挖,如"为什么偏好那个?"(Why型)"什么时候开始偏好那个的?"(When型)使用这些固定句式就能很好发掘偏好背后的故事。

应注意的是,追根溯源时需**尊重对方**。你的职责是相信对方有潜藏的才能与魅力,并怀着好奇心去深挖和了解它们。

千万不要摆出责问的态度,如"你为什么会偏好这种鸡毛蒜皮的小事?"对方听了都泄气,更别提说出自己偏好的根源了。要让对方知道你提问的动机是好奇而非责问,可以通过给问题添加前缀实现,如"我好奇地问一下""我想深入了解你的兴趣爱好"。

◎ 识别团队成员偏好源泉的关键

如果工厂型工作方式对员工思维的影响过于深刻,有时可能也难以发现团队成员的"偏好苗头"。此时,即使以固定问句询问"你的偏好是什么?"对方也许会回答"没什么",沟通就无法顺利进行了。

在这种情况下，我们只能相信每个人都有其个性，并在日常中持续探究偏好的蛛丝马迹。日常的"诊断"过程中，可重点关注以下信息。

易表露偏好的关键点
1. 标准高低
2. 过度投入
3. 识别差异
4. 愤怒对象
5. 偏爱对象
6. 别扭

1. 标准高低
如果某个提案已得到多数人认可，只有一个人还不满意，认为还有欠缺，应再稍加改善。那就说明他的评价标准高于其他人，其中很可能潜藏着他的偏好。

2. 过度投入
已满足基本需求、却仍然为之投入精力或金钱的事也能体现偏好。就像对西装不讲究的人只要有最基本的一套就足够了，而讲究的人则不同，看上去大同小异的衣服也要买好几套。

3. 识别差异
对西装不讲究的人认为雷同的衣服，讲究的人却能分辨出"色调""质地""版型"等差异。识别某物细微差异的能力也能体现偏好。

4. 愤怒对象

愤怒与偏好一体两面。要从愤怒中观察偏好不必守株待兔，坐等别人发火。可以直接询问对方发火的经历及感受，如"工作中有什么事是你不能容忍的？""过去团队协作中有哪些事让你感到烦躁？"

5. 偏爱对象

偏爱是偏好的另一种说法。即使是宣称自己没有偏好的人，你问他休息日把大部分时间、金钱花在何处，了解他的兴趣爱好，也许就能发现他的偏好的苗头了。

6. 别扭

对方感到别扭的地方也能体现偏好。如果团队关系弹性不够，"愤怒""偏爱"这样强烈的情绪未必会轻易表露。所以询问对方对什么感到别扭，没准也能获取探究其偏好根源的线索。

◎ 通过团队建设促进了解彼此的偏好根源

要打造工作坊型组织，了解彼此的偏好根源至关重要，在组织中制定团建的规则，或者培养表达沟通的习惯，都是有效的做法。

在我经营的公司 MIMIGURI，新员工一入职，就要在称为"个人小传"的自我介绍板块中录入个人信息，包括"强项""爱好""做什么事会感到幸福""弱项""什么时候积极性会下降""兴趣""喜欢的物品""体现自己性格的经历"等，这些信息会导入系统，约五十名的全体员工都可随时查看。身为老板，我也以同样方式公开自己的偏好信息，并定期更新。

另外，公司每隔一周会制作一期"司内访谈节目"，每期邀请一名员工当嘉宾,由人事部负责主持,谈话中就涉及深挖嘉宾偏好的根源。节目在午餐时间播放,使用的是线上会议系统,以网络研讨会的形式呈现。大家已经习惯了一边吃着午饭,一边悠闲愉快地观看节目。

身为老板,面试或新员工入职时,我都尽量采用一对一面谈的形式。对员工而言,和老板面谈会紧张,但我并非在面谈中单方面输出理念,而是借机"发掘对方偏好的根源"。除此之外,我也会通过发问了解对方的成见,如"什么情况下你会很有干劲""对你影响很大的人或作品是什么""工作中你不能容忍什么""什么事会让你忘我地投入"等。经过这样的交流,员工和我会更加亲近,我也希望对方能在公司尽己所长。

这些措施不应只停留在日常会议或面谈,还需纳入定期的团队建设活动中。相关方法论属于"组织开发"或"组织设计"领域,将在本章的章末专栏中详细说明。如有需要,可跳转阅读。

11 深挖模式三:真善美

"真善美"式发问是通过发问**探究团队成员或团队整体的哲学性基础价值观**。

真善美是人类理想的普世价值观。事物是否真实、符合道德、具有美感,这些都关乎思想或价值观。虽然难以客观测量,但它们是人类长期以来不懈思考的哲学命题。

真善美式发问模式

"正确的××是什么?"

"真正意义上的'好的××'是什么?"

"真正意义上的'美的××'是什么?"

这种问题句式虽然简单,但需慎重选择使用的时机。

当思考层次不够深入时,绝大多数人都很难回答哲学性问题。合适的做法是通过"外行发问"或"追根溯源",找到偏好的苗头,再借助"真善美"式发问深入探究。

另外,需要留意自己的问题是否可能引导对方做出公式化的回答。

比如,询问新员工"正确的商务礼仪是什么?"大概所有人都会想起入职培训的课程内容吧,没准还推测提问者的意图,以为自己做了什么失礼的事。这种问题无法引导哲学思考,只能得到无聊的标准答案。

要改善这种情况,需要在问题的前缀上下功夫,好让对方在思考时超越普遍的认知,探究问题的本质。

"新冠疫情让你切身感受到的、真正**正确的商务礼仪**是什么?"

"你当下最注重的**正确商务礼仪**是什么?"

面对添加了这些前缀的问题,想必不会有人再答出新员工入职培训手册上的信息了。要探究对方的深层思维,就得提出有一定难度,直指社会甚至人类本质的问题。

深挖模式的三种发问类型

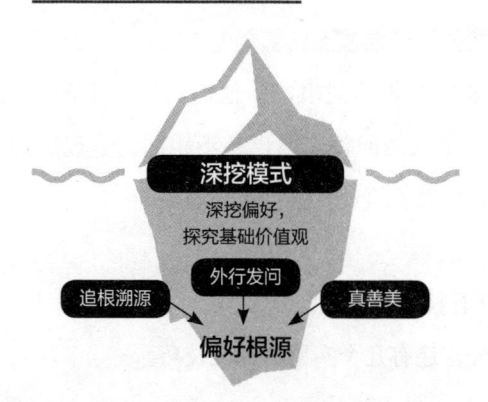

接下来就是动摇模式的三种发问类型了,它们分别是"释义""假设法""破除偏见"。

12　动摇模式一:释义

释义式发问,是指通过提问引导对方寻找既定词汇的替代性措辞或表述方式,以补充或明确概念定义。

团队平时经常使用的"词汇"影响力很大。无论好坏,高频词汇总会左右思考。因此,要动摇团队成见,"寻找替代性措辞"在许多情况下都能产生不错的效果。

释义的固定句式

"那个词可以替换成哪个词?"

以前面保健品厂商 Y 公司的创新项目为例，可设定问题如下："'健康之美'可以替换成哪个词？"

即使是长年共事的同事，让他们对同一个高频词进行释义、更换说法，每个人的回答应该也各不相同。呈现这种差异，就可以促进对话，反思价值观，磨合认知前提。

◎ 释义五技巧

除此之外，还有几个实用的释义技巧。

释义技巧

1. 比喻　　　2. 数值化
3. 动词化　　4. 禁止
5. 定义

1. 比喻

这种方法是在更换措辞时以某物作为类比。比如，讨论公司战略时，问"这个公司目前的主要问题是什么？"多数回答都不够具体，如"领导力不足""新业务难产"等。在这种情况下，可尝试通过比喻促进释义。

"如果把这些问题比作疾病或伤痛呢？"

我曾数次在客户公司提出这个问题。虽然问题难度提高了，但比喻激发了玩心，规避了逻辑严密、规范标准的回答，使得想象力丰富的叙事性表达成为可能。

面对这个问题，既有人把问题比作难以治疗的重症，也有人认为"类似左脚骨折，可感觉患病太久已经习惯了。"这些丰富的想象，令我印象深刻。当时，我又幽默地追问"那帮助贵公司站起来的拐杖是什么样的呢？"让会议氛围变得轻松而有趣。

这种发问方式符合"基本规则三：撩拨玩心，激发回答欲望"的要求，也是对规则的具体运用。

2. 数值化

数值化发问是要求对方**以数字或图表等定量表达方式作答**。

无论是厘清标准模糊不清的"评价性言论"，还是明确"未经定义的高频词汇"的定义，数值化发问都是有效的。比如：

"这个商品在体现'健康之美'方面，达到了**百分之多少**？"

"**满分 100 分**，你给这些提案分别打多少？"

"回顾过去五年的工作，我们团队在多大程度上体现了公司理念？**请以图表形式呈现**。"

数值化的问题意义不在于对方回答的数字，而是追问回答该数字的理由。即使答案都是"70 分"，每个人的理由应该也各不相同。交流理由使隐藏的分歧暴露，有利于动摇成见。根据具体情况，数值化发问也可作为深挖模式使用。

3. 动词化

动词化发问是要求对方把惯用的"名词型"更换为"动词型"。

在第 1 章中，我介绍过一家汽车零部件厂家，他们为开发"人工智能驱动的未来车载导航"而困扰。经我发问，他们把自己团队的目标由"制造车载导航系统"替换为"优化未来出行体验"，即把"车载导航"这一名词性关键词更换为"出行"这一动词性词语。这虽是偶然,但有意识地把"名词型"释义替换为"动词型",是动摇成见的有效手段。

"为打破常规,需要怎样的**创新提案**?"

→"为打破常规,需要如何**改变**?"

"为愉快地远程办公,需要制定怎样的**公司规定**?"

→"为愉快地远程办公,需要**坚持遵守**怎样的规定?"

"10年后的办公室需要什么样的**椅子**?"

→"10年后的办公室,员工是怎么**坐**的?"

把问题中关键词设为名词,回答者的视角便可能局限于"物"。

例如,思考提案时如果一直使用"椅子"这一名词,思维就难以突破"椅子"的范畴。但是更改为动词"坐",回答者自然会开始思考与"椅子"相关的动作行为及其含义,这样思维就得以发散开。

4. 禁止

禁止使用特定词汇也是有效的。

"大家可以不要在会议上使用'健康之美'这个词吗?"

团队成员的高频词汇可能是阻碍思考的"百搭词[①]"。除了偶尔要求更换措辞外,**从一开始就封禁特定关键词**,可迫使对方调整思路。

---

① 百搭词:第2章中也曾提到过。这种词适用于一切场合,易遭滥用,但使用者多对词汇含义不假思索,或并不知道其使用前提。

5. 定义

前面介绍的释义方法都旨在发散思维,提供多样化的解释。

但会议中有时也需要引导重新定义某个概念。在这种情况下,把关键词的定义设为问题的未知数即可。

比如,让团队成员从各个角度释义"健康之美",动摇了该词原先的定义,团队成员的思维不断发散,新想法接连出现。这时便可提问如下:

"如果重新定义'健康之美',你们会用什么词?"

问题形式虽比较传统,但此时团队成员的成见已被动摇。使用"定义"一词要求释义,重新定义团队的共同语言,可以引导团队朝着新的方向前进。

通过释义重新定义共同语言

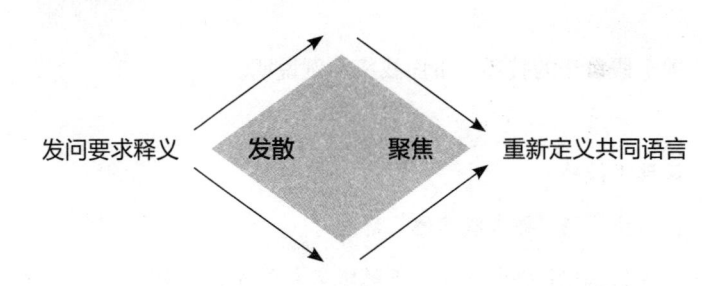

发问要求释义 → 发散 → 聚焦 → 重新定义共同语言

以上就是释义式发问的全部技巧介绍。在动摇模式中,释义式发问是便捷实用的技巧,它和深挖模式的"外行发问"一样应用广泛,可以成为即兴发问的好工具。

13　动摇模式二：假设法

假设式发问是通过虚构设定，破除对方所拘泥的成见，让对方改变思考角度。

假设法容易让人想起英语中的"if"，它多用于假设与实际有差异的情况，如"If I was a bird, I would fly to you"（如果我是鸟，我将飞向你）。

假设式发问同样基于与实际情况有差异的假设，巧妙设计问题，成为动摇对方想法的手段之一。

假设法固定问句句式

"如果……？"

"假设……？"

关于假设法的技巧，下面我将举例说明。

假设法技巧

1. 转换立场：要求以其他立场思考
2. 解除限定：要求解除当下的限定条件进行思考
3. 虚构故事：要求想象全然不同的情境

1. 尝试基于不同立场思考

这是假设以其他立场思考问题的方法。比如，在新产品提案的会议上,把主语设定为"管理者""对手公司""用户""非用户"等相关方,改变思考提案的角度。

"如果你是**管理者**,你会给这个提案提供多少预算?"

"如果你是**对手公司**,你会如何应对这个产品提案?"

"如果你是**用户**,你喜欢这个产品的哪一点?"

"如果你**不是用户**,什么样的营销广告会引起你的关注?"

如果当事人的视角过于稳固,拘泥于成见,或者沟通思路难以突破,假设法是有效的应对方法。

2. 解除当下的限制,拓展可能性

限制因素一般包括预算、时间、人员、可行性、风险性等。如果某些限定条件阻碍了思考,提问时可以假设没有限制的情况。

"如果**预算增加到三倍**,你会投资什么?"

"如果**交货期延长一个月**,你想加强哪部分工作?"

"如果**你是这个领域的专家**,你想挑战什么?"

"如果**不问成败**,你会选择哪个?"

发问中偶尔夹杂这类问题,可唤起无意中受到压抑的个人愿望或团队愿景。另外,这样的假设也能破除成见,让团队成员不再把目标的阻碍一味归于限定条件,而是试图探索新的可能性。

3. 虚构故事,发散思维

虚构故事是对"转换立场"和"解除限制"的综合应用,通过描绘全新的情境,来刺激发散思维。比如:

"如果人类对抗病毒失败，全世界的人都只能闭门不出，大家希望提供什么样的服务呢？"

"如果GAFAM（Google，Amazon，Facebook，Apple，Microsoft首字母简称）没有创立，现在的世界会是什么样子？"

这种虚构脱离现实，带有科幻性质。思考这样的问题令人愉悦，会议的讨论氛围也会很热烈，除了能够启动发散思维，没准还能获得突破性的创意。

14　动摇模式三：破除偏见

破除偏见式发问是直接针对特定成见（假设为X）主动出击。

破除偏见固定问句
"真的需要X吗？"
"如果排除X会怎样？"
"可以想象没有X的情况吗？"
"X替换成Y会如何？"

我们回到那个保健品厂商Y公司的案例，Y公司以"健康之美"为品牌理念。

该公司为了迭代更新产品，召开多次会议。结果发现，他们一直以来珍视的"偏好"，侧重于"消费者的健康与自然"。而"美"

虽在其营销战略上很重要,但也可能是阻碍研发的"成见"。

数十年前公司刚成立时,大众很少把"健康"和"美"联系起来,所以"健康之美"的理念才具有创新意义。但是,现在健康是一种美已经成为消费者的普遍认识。如今,百年长者日益增多,平均寿命延长,人们开始重新审视自己的工作方式、生活方式,以及关于幸福的价值观。比起注重外在美,身心健康越来越受到重视,这自然也强化了人们对内外之美的关注。

如果公司团队洞察到这些,便可一举破除他们的偏见。

"创新后的产品真的还需要'服务于美'吗?"

"把'美貌'要素从本公司产品中剔除会如何?"

"可以有非美容产品的创新提案吗?"

"如果在产品中加入'内在美'的要素,会怎样?"

把"成见"X替换为"美"或"美貌",在设问中剔除该概念,便可在保持正确"偏好"的同时探索新的可能。

◎ 掌握破除偏见和假设法的组合技能

破除偏见和假设法中的"解除限制""虚构故事"组合使用,效果更佳。

"如果允许把有变美需求的女性从目标客户中剔除,你们可以提出什么样的创新提案呢?"(假设法:解除限制)

"如果所有人都失去了'视觉',我们的产品应如何创新?"(假设法:虚构故事)

"成见"保留至今、难以舍弃,自有它的原因,其中之一就是

"用户实际上有变美的需求"。不只是这个案例，阻碍商业创新的，除了团队的"成见"，也包括消费者本身显而易见的需求"成见"。

触屏智能手机现在已经司空见惯，但是在它出现前，用户也许只是希望手机的按键操作更方便，而没想过去除按键。因此，破除消费者的"成见"，或者偶尔尝试天马行空地虚构故事，都有利于推动商业创新。

◎ 动摇"一成不变的组织体系"

如果"成见"源于组织体系和制度，把破除偏见和假设法组合使用，也可有效应对这种情况。

即使是工厂型组织的大型企业，只要使用动摇式发问，基层团队也会逐渐自下而上地出谋划策。即使没有上级部门指导业务规范，他们也能独立思考，积极主动提出饱含激情的方案。

但是，会议模式成功转型为工作坊式，不代表整个组织也完成了转变。组织越大，组织结构、制度体系等越难以改变。

这种"一成不变的体系"，会让人觉得自己的努力只是徒劳。即使心中有想法，也会觉得实现无望。基层员工的积极性往往是被固若金汤的组织体系抹杀掉的。

据我所见，也有不少工厂型组织的大企业，以基层员工的冲动为肇始，成功发起了业务变革。纵然无法立刻改变组织体制，但自下而上的尝试一定会在组织内受到关注。先努力把自己所在的团队转换为工作坊型组织，再与其他团队建立联系，发起"学习联盟"或"兴趣项目"，基于自身的冲动，坚持探索组织新的可能。破除偏见和假设法的发问类型在这时候便可派上用场了。

"如果可以不在乎公司内部考评,你想做什么?"

"如果可以改变一条公司规定,你想改变哪条?"

"如果抛开组织体系,你想和哪个团队合作?"

"如果保证所有人听了都不会生气,你想把这个提案告诉组织里的谁?"

把组织体系本身假设为"成见",持续尝试破除偏见,便可保持团队活力。

无论组织多大,只要坚持努力激发团队的潜能,不仅能获得预算支持、个人评优、成立新业务部门等,还能催生更大的变化。所以,请持续运用发问的力量,不断尝试吧。

动摇模式的三种发问类型

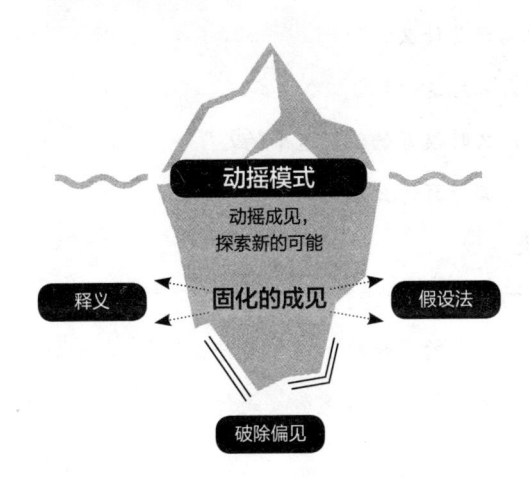

动摇模式
动摇成见,
探索新的可能

释义 ← **固化的成见** → 假设法

破除偏见

15　应急有效问题清单

本节的最后，将根据前面介绍的六种固定模式，罗列出一份问题清单，以备发问受阻时应急之用。

应急问题清单

深挖模式

外行发问

"不好意思，这个指的是什么？"

"不好意思，问一个基础的问题，这个是什么意思呢？"

"不好意思，我知道的不多，所以我想了解一下做这个项目的目的是什么？"

追根溯源

"你的偏好是什么？"

"为什么偏好这个？"

"你是什么时候开始偏好这个的？"

"这两个偏好有什么不同？"

真善美

"正确的××是什么？"

"真正意义上的'好的××'是什么？"

"真正意义上的'美的××'是什么？"

动摇模式

释义

"可以把这个词替换成哪个词呢?"

"可以把这个词比作哪个事物呢?"

"可以禁止在会上说这个词吗?"

"如果用数字表示那个词,满分100分,你打几分?"

"如果重新定义这个词,你会用什么词语?"

假设法

"如果……怎么样?"

"假设……怎么样?"

"如果你的立场是……,你对此有何感想?"

"如果不受限制,你想怎么做?"

"如果世界……,你觉得会变成什么样?"

破除偏见

"X真的是必需的吗?"

"如果排除X会怎样?"

"可以想象没有X的情况吗?"

"X替换成Y会如何?"

4-3 化零为整,打造卓有成效的会议

16 设定会议议程

发问时,通过组合多个问题发问,才能发挥最优效果。

假如你是会议主持人,根据多个问题设定议程,效果也会很显著。

会议议程通常根据会议目的确定,基本流程如下:

会议基本流程

1. 开场:主持人开场,说明会议目的
2. 破冰:参会者发言,如自我介绍等
3. 提供话题:与参会者分享会议所需信息
4. 交流:针对所分享的信息,交流疑问、感想、与会议目的有关的看法等
5. 探讨:针对主要议题集体讨论
6. 确认成果:回顾、明确讨论结果,确认会议目的达成
7. 总结:达成共识,确认下步行动

发问的机会就潜藏在这些步骤中。具体如下:

- 开场时向全员发问
- 破冰时向参会者简单发问，代替自我介绍
- 交流时发问引导表达
- 针对参会者的观点发问
- 针对讨论的主要议题发问
- 讨论陷入僵局时能改变视角的发问
- 在总结时发问，引出下一步行动

  并非一定要在所有环节都发问。在一次会议中，预先准备几个重点问题，制订计划，明确在不同环节提出的问题内容和数量。

  简便的具体做法是，先明确发问是基于"深挖模式"还是"动摇模式"，再把这两种模式的六种发问类型组合使用。

  假如要深挖团队成员工作方面的价值观，可参考人物纪录片的采访步骤，组合运用深挖式问题，按照**"外行发问"**→**"追根溯源"**→**"真善美"**的顺序设定面谈的流程。

  如果希望彻底动摇对方的成见，可组合运用动摇式问题，按照**"释义"**→**"假设法"**→**"破除偏见"**的顺序设定议程。可以参考下图中保健品厂家 Y 公司的会议议程。

动摇式问题组合示例

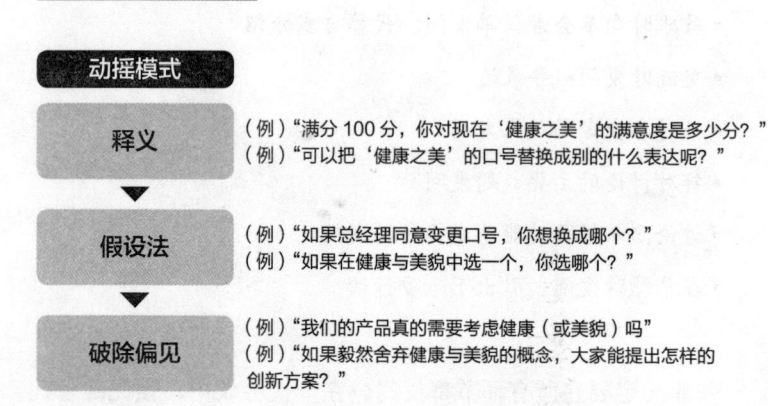

```
[动摇模式]
   │
   ▼
[ 释义 ]    （例）"满分 100 分，你对现在'健康之美'的满意度是多少分？"
            （例）"可以把'健康之美'的口号替换成别的什么表达呢？"
   │
   ▼
[假设法]    （例）"如果总经理同意变更口号，你想换成哪个？"
            （例）"如果在健康与美貌中选一个，你选哪个？"
   │
   ▼
[破除偏见]  （例）"我们的产品真的需要考虑健康（或美貌）吗"
            （例）"如果毅然舍弃健康与美貌的概念，大家能提出怎样的
                  创新方案？"
```

17 混合使用两种模式

"深挖模式"和"动摇模式"的界限其实十分模糊。

深挖模式的"外行发问"也可能强烈动摇对方的认知前提，打破"成见"。反之，意在动摇成见的"释义""假设法"等，也可能促使对方梳理思维，使其基础价值观具象化为"偏好"。

如果团队的"偏好"和"成见"界限模糊，便可混合使用两种发问模式。

从追根溯源到破除偏见示例

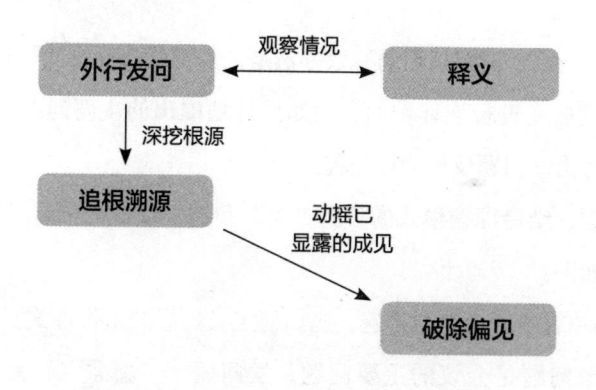

外行发问 ←观察情况→ 释义

↓ 深挖根源

追根溯源

↘ 动摇已显露的成见

破除偏见

从假设法到真善美示例

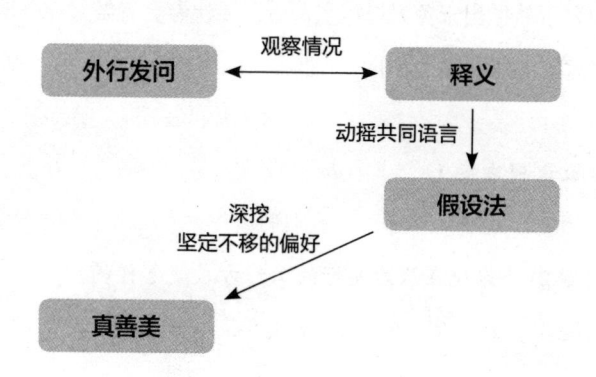

外行发问 ←观察情况→ 释义

↓ 动摇共同语言

假设法

↙ 深挖坚定不移的偏好

真善美

尤其是"外行发问"和"释义",在任何情况下都可用于观察沟通情况。以这两类问题开场,再如图随机应变地混合使用深挖与动摇两种模式,效果不会太差。

18　从主要问题反推所需流程

如前所述，设定议程的有效办法是，基于"外行发问"和"释义"随机应变进行连环发问。而如果计划提出的主要问题已经确定，也可由该问题反推会议流程。

比如，结合深挖模式的"真善美"和动摇模式的"释义"，准备问题如下：

"如今百岁寿命日益普遍，应如何定义美好的工作方式？"

这个问题是会议的主要问题。发问属于"愿景（社会 × 未来）"方向，是个值得深思的问题。

但是贸然抛出未免太过沉重，所以要让参会者做好充分准备。设定议程时应考虑到参会者的回答难度，以及回答需要何种"刺激"。

会议议程方案 1

问题①："过去二十年间，我们的工作方式发生了怎样的变化？"

问题②："你现在认为美好的工作方式是怎样的？"

问题③："如今百岁寿命日益普遍，应如何定义美好的工作方式？"

这个议程方案中，在会议开始时用问题①把讨论方向指向"历史"，先问工作方式变迁史可以降低思考难度，再问未来的可能性将会刺激思考动力。此外，为了激发对方的切身思考，在第二个问题中把主语限定为"你"，再引出问题③。

不必非要把每个流程都以"问题"呈现。问题①也可以替换为提供话题，如介绍"过去二十年间工作方式的变化"。

提供话题的会议流程示例如下：

会议议程方案 2

提供话题："百岁寿命日益普遍""工作方式变迁"。
问题①："你认为不美好的工作方式是什么样的？"
问题②："你期待十年后实现什么样的美好工作方式？"
问题③："如今百岁寿命日益普遍，应如何定义美好的工作方式？"

主要问题与"愿景"方向一致

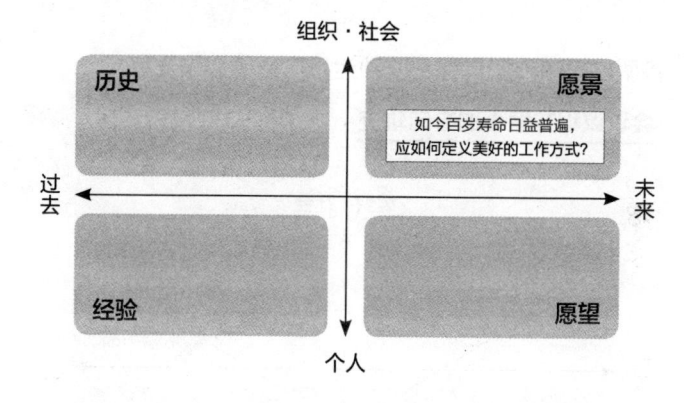

```
                 组织·社会
                    ↑
    ┌─────────┐    │    ┌─────────┐
    │  历史   │    │    │  愿景   │
    │         │    │    │ 如今百岁寿命日益普遍，│
    │         │    │    │ 应如何定义美好的工作方式？│
    └─────────┘    │    └─────────┘
过去 ←─────────────┼─────────────→ 未来
    ┌─────────┐    │    ┌─────────┐
    │  经验   │    │    │  愿望   │
    │         │    │    │         │
    └─────────┘    │    └─────────┘
                    ↓
                   个人
```

这个议程方案包括介绍"百岁寿命日益普遍的现象"，有利于参会者理解问题背景。对于方案1中的"过往工作方式变迁"问题，改为由主持人介绍说明。即使只花 5～10 分钟简单说明，也在一定程度上提高了参会者对主要问题相关背景的认识。

此外，问题①虽然和方案1的问题②一样，都以"你"为主语，但特意添加了形容词"不美好"，更有利于促进思维发散，刺激参会者深入思考自己关于"美好"的价值标准。

再者，问题②的主语不变，仍是"你"，但提问方向转为个人"愿望"层次，使思维更加自由发散，同时引出问题③。

如上所示，组合问题进行会议议程设计可以有很多种方案。读者朋友可根据自身目的，尝试对问题进行各种组合变形。

19　区分谷型议程和山型议程

谷型议程和山型议程是两种运用广泛的会议流程。

会议议程方案1的方向轨迹

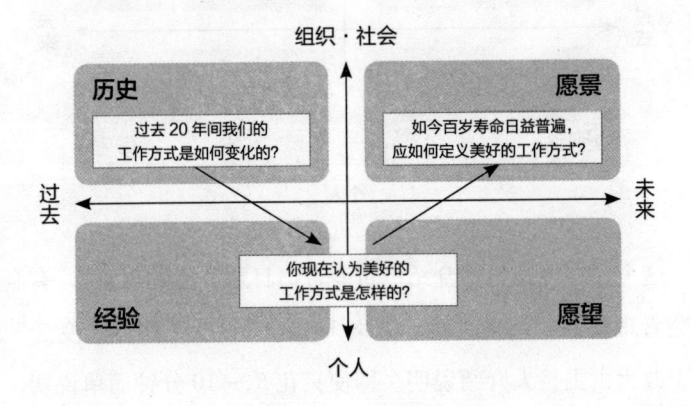

```
                组织·社会
                   ↑
   ┌───────────────┼───────────────┐
   │ 历史          │          愿景 │
   │   ┌─────────────┐  ┌─────────────────────┐
   │   │ 过去20年间我们的│  │ 如今百岁寿命日益普遍，│
   │   │ 工作方式是如何变化的?│ 应如何定义美好的工作方式?│
   │   └─────────────┘  └─────────────────────┘
过去├───────────────┼───────────────┤未来
   │               │               │
   │        ┌─────────────────┐   │
   │        │ 你现在认为美好的 │   │
   │        │ 工作方式是怎样的?│   │
   │        └─────────────────┘   │
   │ 经验          │          愿望 │
   └───────────────┼───────────────┘
                   ↓
                  个人
```

会议议程方案 2 的方向轨迹

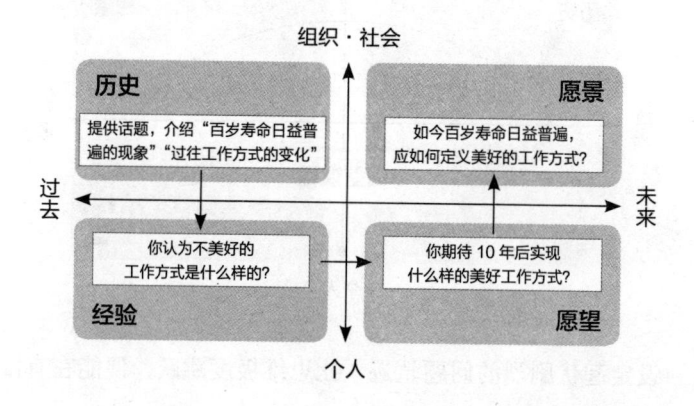

```
                    组织·社会
                        ↑
   ┌──────────────┐    │    ┌──────────────┐
   │ 历史          │    │    │          愿景 │
   │ ┌──────────┐ │    │    │ ┌──────────┐ │
   │ │提供话题,介绍"百岁寿命日益普│    │ │如今百岁寿命日益普遍,││
   │ │遍的现象""过往工作方式的变化"│    │ │应如何定义美好的工作方式?││
   │ └──────────┘ │    │    │ └──────────┘ │
   └──────────────┘    │    └──────────────┘
过去 ←─────────────────┼─────────────────→ 未来
   ┌──────────────┐    │    ┌──────────────┐
   │ ┌──────────┐ │    │    │ ┌──────────┐ │
   │ │你认为不美好的 │ │    │    │ │你期待10年后实现│ │
   │ │工作方式是什么样的?│ │    │ │什么样的美好工作方式?│ │
   │ └──────────┘ │    │    │ └──────────┘ │
   │ 经验          │    │    │          愿望 │
   └──────────────┘    │    └──────────────┘
                        ↓
                      个人
```

前述议程方案 1、2,问题轨迹都是由"历史"开启,主语落在"个人",再上升到"愿景"的谷型抛物线。谷型轨迹适合核心问题指向愿景的情况。

谷型议程和山型议程

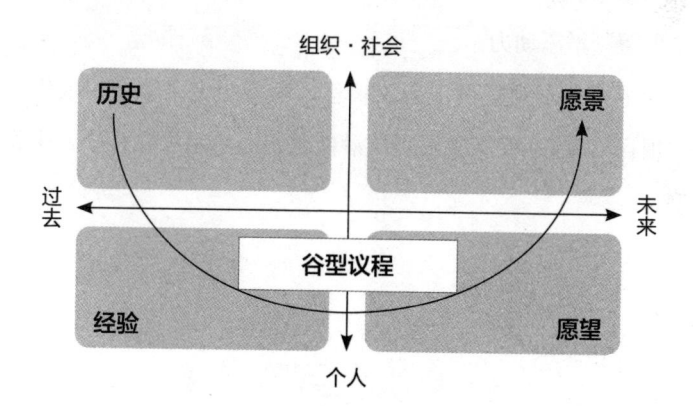

```
                    组织·社会
                        ↑
   ┌──────────────┐    │    ┌──────────────┐
   │ 历史          │    │    │          愿景 │
   │ ╲             │    │              ╱   │
   └──┼───────────┘    │    └─────────┼────┘
      ╲               │             ╱
过去 ←──╲──────────────┼────────────╱─────→ 未来
        ╲   ┌─────────────────┐   ╱
         ╲  │    谷型议程      │  ╱
   ┌──────╲─┴─────────────────┴─╱──────┐
   │       ╲_____╱        │
   │ 经验                        愿望  │
   └──────────────────────────────────┘
                        ↓
                      个人
```

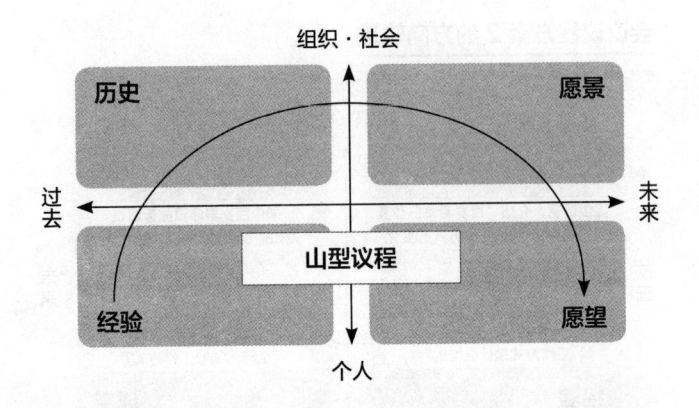

```
          组织·社会
            ↑
┌─────────┐ │ ┌─────────┐
│  历史    │ │ │  愿景    │
└─────────┘ │ └─────────┘
            │
过去 ───────┼─────────── 未来
            │
┌─────────┐ │ ┌─────────┐
│       ┌──┴──┐       │
│  经验  │山型议程│  愿望 │
└───────└─────┘───────┘
            │
            ↓
           个人
```

设定起伏剧烈的问题轨迹，让思维极度跳跃，便能在有限的会议时间内催生巨大的变化。

另外，反向的谷型抛物线轨迹即"山型议程"同样有效。

山型议程适用于**会议的尾声**，这个阶段的目的在于把会议沟通成果落实到每个团队成员的"个人行动"和"个人展望"中。

首先详细回顾过去，再从团队、组织或社会的角度重新审视现状和未来。然后从宏观视角回归个人行动，可为最终的"行动"和"展望"增添动力。

能组合多个问题设定会议议程，就能组合多个会议或组织推进"项目"。这不仅能激发团队潜能，也会给组织和社会带来积极影响。

COLUMN
组织开发与设计

持续激发团队潜能,不仅需要重视会议设计,也需重视组织整体的结构和状态。"组织开发"(Organization Development)和"组织设计"(Organization Design)就是两个重要的工具。

二者虽界限模糊,但核心理念显著不同。理解其中差异,熟练掌握二者的操作方法,有利于构建更理想的组织。

概而言之,组织开发针对的是组织的"软件""无形之处",组织设计针对的是组织的"硬件""有形之处"。

"组织开发"聚焦组织中无形的内在心理和人际关系,通过在组织内促进对话沟通,改善组织状态。第1章中指出的"认知固化""关系固化""冲动枯竭""目的流于形式",就是人的心理或人际关系的相关问题。要解决这些无形的问题,唯有通过对话实现,让每个人分享内心深处的想法,交流彼此的价值观。

另一方面,"组织设计"则着眼于组织的结构设计,通过为组织成员妥当地分配职能与业务,设计合适的层次结构,厘清信息流,从而改善组织形态。组织设计与组织原有的构成方式有关,对团队潜能的发挥有直接影响。

有的组织按职能划分,分为设计部门、工程部门等;有的按产品划分,如"某某产品负责团队";有的是复合矩阵型组织;有的是不设结构的扁平化组织。诸如此类,根据不同的经营战略,组织结构有各种各样的形态。而且,组织规模越大,组织设计越为重要。

第5章
用共情打造群策群力的团队氛围

本章将讲解有效发问步骤循环中的"提出"问题。

提出问题的技巧包括：提出前吸引注意，斟酌问题的表现形式，提出后的跟进。

首先讲解提问前吸引注意的重要性和技巧。越是发问高手，越注重这个阶段。

其次讲解如何斟酌问题的表现形式，依靠"修辞"改变问题给人的感受。若把问题比作聚焦团队未知数的明灯，修辞可起到"增加光量""调整光色""缓和光亮"的效果。

最后讲解提问后的跟进，包括确认提问后对方当下的反应，明确必要的善后工作。

5-1 与其泛泛而谈，不如成为团队焦点

01 会议成败取决于"开场 5 分钟"

越是发问高手，越重视在发问前**引起对方的注意**，尤其注重在会议开场 5 分钟内尽可能地吸引注意。

讲解具体技巧前，我先介绍一个有趣的研究结果，那是我数年前关于会议引导的研究。

学习沟通引导技能的需求量逐年高涨，像我主编的网络媒体"CULTIBASE"，就有各行各业、不同年龄层的人在上面学习，并运用于实践。本书广义上也属于沟通引导技能。

许多人表示学习沟通引导"有趣""有用""有内容"，但叫苦者也有。有趣的是，叫苦称难的人里不仅有初学的新手，还有经验丰富的老手。

但是，新手和老手的"难"应该不同。所以，我向大约 150 名沟通引导师发起问卷调查，询问他们沟通引导难在何处。我采访了其中的 16 个人，解析沟通引导"难点"的本质，并把研究结果总结为学术论文。

调查发现，新手引导师认为，讨论进入正题后至会议后半段是最难的阶段，也就是会议的主体部分。具体难点在于难以引导参会者表达，促进热烈讨论。

令人吃惊的是，资深引导师认为最难的不是讨论正题的主体部分，而是开场，即会前至开场阶段。也就是说，只要开场顺利，让新手犯难的后半场就不那么难了。

越是资深的引导师，越注重自己的"第一招"，即在开场吸引参会者注意，提高他们的参与积极性。

我担任引导师已有十几年，就我个人经验而言，我的感受也是如此。无论会议还是培训，参会者的积极性各不相同，有积极向上、热心好学的，也有被迫参加、意兴阑珊的。所以，面对成员多样的团队，发出的第一声能够吸引他们的注意至关重要。会议的成败，就取决于开场的 5 分钟。

初学者和熟练者对困难的实际感受不同

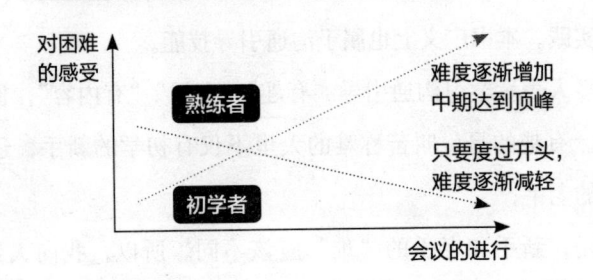

对困难的感受 / 会议的进行

- 熟练者：难度逐渐增加 中期达到顶峰
- 初学者：只要度过开头，难度逐渐减轻

02　我们平时注意力的涣散超乎想象

引起注意之所以重要，就是因为大多数人开会时注意力都不集中。不只会议，**多数人在工作中也未必总是全神贯注**。

2020年，动画片《鬼灭之刃》大热，"完全集中的呼吸"一词成为日本流行语。"完全集中的呼吸"是虚构的呼吸方法，片中，鬼杀队队员为讨伐强大的鬼而集结，他们使用这种呼吸法增强体能。主人公灶门炭治郎经过严酷的修行而掌握此法，随时都能进入"完全集中"的状态。

我认为《鬼灭之刃》有一个潜在贡献，就是让我们知道，我们平时注意力有多么地涣散。如果完全集中状态的炭治郎注意力是100%，你平时工作中发挥了几成注意力呢？

如果把一天的注意力变化用图表表示，任何人都难免有"浮动"。截止时间逼近时，注意力或许瞬间接近100%，而没有特别任务的例会或睡意侵袭的午饭后可能只有20%左右。我们没有经过鬼杀队严格的训练，自然没有精力随时保持100%的注意力。

发问新手往往高估别人的注意力。当你全神贯注，却看到下属或同事注意力涣散，难免心生烦躁。为什么不认真思考提案？别人发言时为什么心不在焉？这时就算要求对方集中注意力，作用也不大。这种要求只会成为"孤军奋斗的恶性循环"的开始。

03 发问高手从引起注意开始

如果对方没在听，问题再好也没意义。听了却没做好回答的心理准备，也给不出"深思熟虑的回应"。如果团队成员没准备好应对问题，就会被突然的发问打个措手不及，无法深入思考和顺畅交流。

学校授课中却经常把突然发问反其道而用之，尤其是对注意力不集中的学生，用以确认他们是否专心听课，而那神游天外的学生也不出意料地暴露出自己没在听。漫画、影视作品里常见到这种戏剧性的场面。

但是以激发团队潜能为目的的发问不应暴露对方的不足，而要把问题聚焦于对方的个性。

发问高手深知人们难以集中注意力。因此，会议开场自不必说，在提出准备好的问题之前也要稍做准备以吸引对方的注意。发问，就从引起注意开始。

04 引起注意的四个技巧

你什么时候注意力集中？你会因为什么契机，关注到此前浑然不觉的事物？

- 本来一直心不在焉，知道会上有董事同席，发表看法前的30分钟突然紧张起来。
- 本以为同事跟我性格完全相反，怕相处不好，可了解到他其实也和我有类似的烦恼，突然就来了兴趣。
- 本来对便利店里的甜点毫无兴趣，朋友却赞不绝口，于是我也馋得不得了。
- 约会时心不在焉随口附和，恋人突然沉默不作声，让我感到不安。

诸如此类，我们曾在各种情况下被唤起注意力，这些生动的切身体验里充满了"引起注意"的技巧。

接下来介绍四个具体技巧。

引起注意的技巧
1. 预告：预先传达
2. 共鸣：体谅对方的心情
3. 煽动：夸张地强调问题背景
4. 留白：故意留出空白

把引起注意的技巧在坐标系中表示，则如下图所示。

引起注意的技巧类型

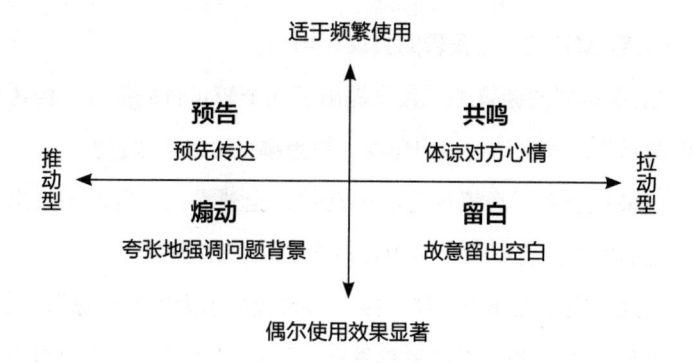

```
                   适于频繁使用
                        ↑
           预告         │         共鸣
         预先传达       │      体谅对方心情
推                      │                      拉
动 ←────────────────────┼────────────────────→ 动
型          煽动        │         留白         型
      夸张地强调问题背景 │      故意留出空白
                        ↓
                  偶尔使用效果显著
```

横轴的推动型技巧是由发问方预先提示信息以引起注意。因为许多信息由发问方提供，所以是推动型。

拉动型以回答方为起点,或体谅对方的处境,或有意留出空白,以此引起对方注意,所以是拉动型。

四种类型中,"预告"和"共鸣"的威力一般,但非常好用,所以应用较多。而"煽动"和"留白"适合特定情况,不太常用。

接下来将从"预告"开始依次举例说明。

05 引起注意的技巧一:提前"预告",让对方做好心理准备

提问前"预告"与否,效果差别巨大。

会议或一对一沟通时,回答者认为突然提问让自己措手不及,是因为没料到会被提问。比如下面的发问场景。

▸ EXAMPLE 无预告的会议开场

"上次策划的会议上,大家提出了几个较可行的提案,但还不足以商品化。大家站在用户角度,想想哪里可以再改进?"

如果参会者对会议议程心中有数,全神贯注,也许能给出令人满意的回答。否则很难期待对方能立刻给出好提案。

因此,**应事先预告**,如"接下来希望征求大家的意见",让**参会者做好心理准备**,而非贸然发问。不用把预告的方式想得太复杂,告知接下来希望了解他们的想法,再提供讨论主题的背景信息,把准备好的问题抛出即可。

▸ EXAMPLE　有预告的会议开场

"今天的会议希望与大家交流如何改进新产品提案，稍后请每个人发表你们的看法。"

"上次策划会议上大家提出了几个较可行的提案，但是**从用户角度来看**，还不足以商品化，大家站在用户角度，想想哪里可以再改进？"

如果猝不及防被提问，条件反射驱使人立刻回应，容易关注执行层面（How）的浅层信息。而深思熟虑后，人才能从容分析原因层面（Why）的深层信息，如"为什么用户会觉得这个产品还需改进呢？"

如果参会人数较多，你期待某个人发表看法，引起他的注意，就可以"指定预告"，事先告知特别希望与他交流。如果再加上指定的原因，如因为他曾在之前的项目中负责市场调查，对方就更能感受到你对他的期待。

◎ 以"预告"切分沟通流程

预告也可用于**调整沟通中途的流程**，比如我在第4章解说"外行发问"的固定问句时，就曾表示给问题增加以下前缀很重要。

"可能我问的是个常识……"

"我理解得不够充分，可能问题有点蠢……"

这些前缀其实都在预告自己将提出外行问题，让对方有所准备。如果毫无预告，讨论中途突然发问"这个项目的目的是什么？"这已不是故意不迎合氛围，而是单纯的情商不足了。

越想改变团队的状态，越应灵活利用预告切分谈话，使沟通流程自然顺畅，避免谈话流程生硬破碎。

06 引起注意的技巧二：以"共鸣"解除防备

发问前的"预告"旨在给心不在焉的参会者施加压力，做好沟通的心理准备。

如果预告不起作用，参会者过度紧张，也许在会议上发言本身就足以使其焦虑不安了。或者，因为你和参会的团队成员平时的关系，"预告"本身就可能造成过度的压力。

这种情况适合使用舒缓氛围的拉动型技巧，推不动就拉。**发问前礼貌真诚地唤起参会者的共鸣，可营造良好的氛围，使参会者的注意力更集中。**

具体做法是在会议开头表达感谢、认可和敬意，同时把参会者的"心声"宣之于口并表示认可，以此引发共鸣。

▸ EXAMPLE 有共鸣的会议开场

"今天的会议希望与大家交流如何改进新产品提案，稍后请每个人发表你们的看法。"

上次的策划会议**大家辛苦了，因为大家的努力**，最终提出了几个很可行的提案，**非常感谢**。但是从用户角度看，这些提案还不足以商品化。**项目时间紧，大家可能也着急，但为了不至于到产品上市了才后悔，我们再耐心推敲推敲吧。**如果站在用户角度，大家觉得可以改善哪些地方？"

在提问中融入可引发共鸣的要素，接纳现状，慰问辛劳，承认进度，共克难关，便可营造提升专注度的氛围。

共鸣即分享情绪与感觉。如上文的"大家可能也着急",表达并认可了团队共同的情绪与感觉,可舒缓沟通氛围。

即使会议进行得热火朝天,也不可忽视共鸣。尤其当团队成员鼓起勇气发表尚不成熟的提案时,身为提问者,你如何回应他们,会影响他们对你下次发问的感受。

如果总不回应团队成员的发言,只管就重点课题发问,也会影响团队交流的融洽氛围。

对于对方的表达,无论你是有所启发,还是感到有趣、不解,都给予一定回应,**尊重对方的表达**,便能在交流中引起更多的共鸣。

如果长期忽视在交流中引起共鸣,对方会由焦虑逐渐转为防御。而发问在心存戒备的关系中无法生效。要引起参会者对发问的关注,可通过共鸣解除其心理戒备,消除交流的心理障碍。

◎ 以"共鸣"为动摇式发问的前奏

"共鸣"是动摇式发问的有效前奏。

如果团队在会议中流露出"成见",你想驱动动摇式发问,就需调整会议流程,以改变沟通氛围。

用"预告"切分流程固然可以,但考虑到动摇式发问的破坏性,引起"共鸣"可以减少无谓的阻力。

发问时,先加入"共鸣"式语句,再以"但是""不过"转折,便可转向动摇模式所需要的会议氛围。例如:

"'健康之美'这个词**大家用惯了,可能觉得舍不得**。但在这次会议中,可以请大家禁止使用这个词汇吗?"(共鸣→释义:禁止)

"这个项目很重要,的确必须慎重考虑风险因素。但如果允许失败,你会选哪个方案?"(共鸣→假设法:解除限制)

"考虑到美容产品的高盈利性,我们很难断然舍弃这类产品。但是,创新后的产品真的还需要考虑'帮助用户变美'吗?"(共鸣→破除偏见)

没有人自愿拘泥于"成见",比起强行推翻,提问时认可对方的现状,引起"共鸣",对方会更容易接受。

07 引起注意的技巧三:发问前夸张强调问题背景,"煽动"对方

下面讲解的是技巧性更高的方法。发问前夸张强调问题背景,"煽动"对方,可以在特定情况下发挥巨大的威力。

"煽动"是**调动对方的情绪,让对方想做某事**。提问前夸张强调问题的背景信息,不仅能吸引对方的注意,还能激发对方回答的积极性。前面所说的"预告"属于引起注意的推动型技巧,而煽动可谓是"预告"的加强版。

有一部好莱坞电影在预告中打出"全美爆哭"的煽动性表达,意在宣传电影已感动了许多观众。如果这部电影即将在国内上映,比起仔细介绍电影内容,加一句"全美爆哭",广告效果会更好。

发问前加上夸张的前缀能有效引起注意。

"这个课题关乎公司的生死存亡,还请各位务必提案……"

"你在公司是独一无二的,我想听听你的意见……"

另外，动摇式发问再搭配"煽动"，可使威力大增，但使用不当也可能触怒对方。

"也该抛弃旧观念了吧，新的产品真的还需要考虑'帮助用户变美'吗？"（煽动→破除偏见）

正如"全美爆哭"经频繁使用，已不再新鲜，使用"煽动"技巧也必须注意频率。偶尔使用效果甚佳，过度使用则适得其反。

08　引起注意的技巧四：故意留白，引发对问题的关注

如果"煽动"是更为强效的推动型技巧，那提问时减少表达内容的留白就是更为强效的拉动型技巧。

比如提问前不直接进入主题，而是铺垫一个惹人着急的问题，或稍作沉默，能有效引起注意。

就好比朋友说"昨天发生了一件不得了的事"，勾起了你的好奇心，可他却突然沉默，反而让你更在意了。

故弄玄虚的留白惹人不快，但下面案例中不经意的留白却效果显著。

▸ EXAMPLE　惹人着急的会议开场：留白

大家还记得今天开会的目的是什么吗？（3秒沉默）今天我们要跟大家讨论应如何改善新产品提案。

以上就是提问时引起注意的四个技巧,它们分别是"预告""共鸣""煽动""留白"。

如前所述,最好用的技巧是"预告"和"共鸣",提问时稍加搭配便能提高发问效果。"煽动"和"留白"虽然没有那么好用,但可以作为特殊情况的备选。

5-2 用修辞改写命令，员工更配合

09 突显问题的"文字"功夫

改善问题的措辞也可以提高发问效果。发问前稍停片刻，对语言表达加以斟酌，有利于提高对方回答的积极性，从而给出更理想的回应。

例如，请比较下面几个问题。

"如果你是总经理，会如何有效利用这项已不被使用的技术？"

"你会如何有效利用这项已不被使用的技术？如果你是总经理。"

"如果你是总经理，会如何让这颗'埋没的金子'发光？"

这些都是假设式发问，问题中的未知数和限定条件都一样。但是，措辞中的细微差异也给人以不同的感受。这个示例使用的是语言修辞手法中的"倒装"和"比喻"。

修辞手法是写作中提高表达效果的方法，从古希腊到中世纪欧洲，乃至现代，关于修辞的研究历史悠久且还在持续。讲究文章的遣词造句就等于发挥修辞的效用。

要说擅长修辞的作家，就不可不提威廉·莎士比亚了。

莎士比亚是文艺复兴时期的代表作家，作品众多，包括《哈姆雷特》《李尔王》《威尼斯商人》等。他的文学作品在世界上享有盛誉，内容自不必说，关于其高超修辞手法的研究也从未停止

过。例如：

- 活着，还是毁灭，这是个问题。(To be, or not to be: that is the question.)

——《哈姆雷特》

- 恋爱是盲目的。(Love is blind.)

——《威尼斯商人》

这些为数众多至今广为流传的格言名句中，就使用了许多修辞技巧。

即使问题的构成内容相同，只要运用修辞手法调整措辞，就能改变对方的感受、关注和思考。设定问题时注重推敲措辞，或者根据现场氛围和参会者的状态即兴调整事先准备好的问题，这些都能促进有效发问。

10　发问修辞的三种类型

文学中运用的修辞众多，本节将介绍三种可用于发问的修辞手法，以及它们对应的十个具体技巧。

前面说到，有效发问是照亮团队未知数的"明灯"。

对家装有研究的朋友应该明白，空间照明是一个非常复杂的问题。以餐厅照明为例，加大还是减少灯泡瓦数，选择发蓝的日光色还是温暖的橙色，直接照射还是舒缓的间接照射。配置不同，空间的氛围也不同。

运用修辞手法调整问题措辞,就如同调整灯光的亮度、颜色和色调,使氛围恰到好处。

发问修辞三类型

A. 增加光量型:强化问题背景或特定信息给人的印象

B. 改变光色型:扩大问题含义,充实问题形象

C. 缓和灯光型:模糊问题措辞的语感

A. 增加光量型

这类修辞技巧可**强化问题背景或特定信息给人的印象**。通过加大整体光量,只聚焦问题的特定部分,能够改变问题给人的感受。具体有以下四个技巧。

- 倒装法:颠倒语序,强化问题背景给人的感受
- 夸张法:夸张形容,制造焦点
- 列举法:罗列具体词汇,降低问题抽象度
- 对照法:增加成对示例,突显问题

(A) 增加光量
强化问题背景或特定信息给人的印象

倒装法　夸张法
列举法　对照法

B. 改变光色型

这类修辞技巧可**扩大问题含义，充实问题形象**。把问题中的事物比作他物，或调整为感受性表达，增加拟声和拟态词，提高情绪性感受，能够激发丰富的想象力。其具体技巧如下。

- 比喻法：此物比作他物，丰富形象
- 拟人法：把物比作人，为问题注入情感
- 通感法：以感受性表达刺激感觉
- 声喻法：增加拟声和拟态词，提高问题的情绪浓度

（B）改变光色
扩大问题含义，
充实问题形象

| 比喻法 | 拟人法 |
| 通感法 | 声喻法 |

C. 缓和灯光型

这类修辞技巧可**缓和问题表达的语气**。设定问题时也许感受不到异样，但在实际场景中可能略显直接、露骨，所以有时需要根据实际情况调整语气。其具体技巧如下。

- 缓叙法：利用否定调节直接表达给人的感受
- 婉转法：委婉表达强烈的负面信息

我将结合实例依次讲解上述技巧。大家不需要把技巧名称都背下来，运用好自己偏好的技巧就足够了。

（C）缓和灯光
缓和问题表达的语气

缓叙法　婉转法

11　修辞技巧（A-1）倒装法：颠倒语序，突出问题背景

倒装法是指**按反常顺序排列句子成分**的修辞技巧。调整信息的呈现顺序，使表达效果增强，语序发生变化，引人回味深思。比如不讲"这本书非常有趣啊"，而说"非常有趣啊，这本书"。

下面，我们试着把此前的问题示例用倒装法修改：

"我们需要怎样的创新提案呢？如果想打破常规。"

"到底为什么重要呢？所谓的'健康之美'。"

"你有什么想挑战的吗？为了让公司变得更好。"

"你觉得公司需要制定什么规定呢？为了推进远程办公。"

"这个项目的目的是什么呢？我理解得不够深入，很抱歉。"

"你想加强哪部分工作？如果交货期延长一个月。"

"你想选哪个？如果允许失败的话。"

感受如何？主语、问题背景、假设等前缀成分通常先行出现，如果把它们后置，听者的感受和思考也会改变。

倒装的好处是倒置于后半部分的内容更显突出，从而强化假设背景或目的等给人的印象。

不好的地方是，问题背景后置可能导致事情的先后逻辑顺序混乱。

12　修辞技巧（A-2）夸张法：夸张表达，制造焦点

夸张法是指夸张表达内容的修辞技巧，比如"努力得要死"就属于夸张表达。夸张可加深印象引起关注。

和引起注意的"煽动"类似，夸张可以调整问题的"焦点"。

比如，团队开会探讨传统业务今后的发展方向，这时，主持人提出一个问题："如果你是总经理，面对即将到来的后疫情时代，你会如何管理这个业务？"

这个问题信息过多，乍一看令人眼花缭乱，如果不经调整直接提出，可能会令对方抓不住重点。

在这种情况下，有意夸张某些内容，可以调控问题的"焦点"。焦点原指拍照时照相机聚焦的部位，同样的拍摄对象，焦点不同，照片的呈现结果也不同。

上述问题示例中有三个备选焦点。

"(a) 如果你是总经理;(b) 面对即将到来的后疫情时代;(c) 你会如何管理这个业务?"

每个人关注的焦点应该不尽相同。

下面我们将试着依次针对这些焦点,运用夸张法,引导沟通对象精准聚焦。

聚焦(a)

"如果你是这家公司的总经理,设想你对组织和业务负有重大责任,在后疫情时代,你会如何管理这个业务?"

聚焦(b)

"自2020年新冠疫情暴发以来,全社会损失惨重,人们的生活和价值观变动剧烈,可想而知,后疫情时代即将到来。对此,如果你是总经理,你会如何管理这个业务?"

聚焦(c)

"这个业务的问题多如牛毛,但潜力巨大,实现它的突破性发展取决于业务战略。如果你是总经理,面对即将到来的后疫情时代,你会提出什么样的经营愿景,以何种战略管理这项业务?"

如上所示,对问题中希望聚焦的部分加以夸张表达,可大幅调整问题的聚焦点。

13 修辞技巧（A-3）列举法：罗列具体关键词，降低问题抽象度

列举法是指**罗列关键词以加深印象**的修辞技巧。比如，"啤酒、红酒、日本清酒、威士忌，今晚喝什么呢？"列举具体示例，打开对方的思维，让对方的思考更具体。

列举法是很好用的修辞技巧，我自己也经常在会议中使用。

列举法多用于抽象且限定条件宽松的问题，如果担心对方对问题的认识不够具体，可列举具体示例，以降低问题的抽象度。

比如，以第 4 章所举的问题为例。

"你认为该如何推进远程办公？"

设定这个问题时，可探讨的方向包括"公司规定""工具支持""交流机会""现在办公室的功能"等。如果你难以抉择应聚焦何处，不妨放开限定，以列举法提问：

"你认为该如何推进远程办公？可以从**公司规定、工具支持、交流机会、现在办公室的功能**等角度想想看。"

如上所示，放松限定条件，列举具体示例，可避免思维过于抽象，促进表达。

14 修辞技巧（A-4）对照法：成对示例，突显问题

对照法是拿相反观点与主要观点对比，突显主要观点的修辞技巧。比如不单表示"经营时有不顺"，而是对照举例，如"经营既有不顺的时候，也有顺利的时候"，使观点更清晰。

对照的内容除了相反事物，还可以参照"风雨兼程"的句式结构，罗列相似事物。

以对照法修辞问题，可形成如下示例：

1．"对手公司采取价格战，我们应选择怎样的经营战略？"
2．"我明白这场会议的目的，那这个项目的目的是什么？"
3．"重要而紧急的事很多，那重要不紧急的事是什么呢？"

在示例 1 中，相较于直接问"我们应采取怎样的经营战略？"以对手公司作为对照，可使思考更具方向性。

示例 2 也是"外行发问"的实践范例。可以直接确认模糊不清的前提，询问项目目的是什么，但以"会议目的"作为对照，可使原本模糊的焦点更明确。如果有些成员对会议目的和项目目的有所混淆，听到这样的提问，也许会恍然大悟。

拿示例 3 与问题"我们应该做什么？"比较，就更能明白对照问句的效果了。虽然也可以在问题中直接添加时间条件，如"哪些事是我们应该在一周内完成的？""哪些事是我们应该花一年时间完成的？"但对照问句更容易激发对方的积极性，让对方意识到"我们往往容易困于当下，而这个问题要问的，是关于未来的展望"。

下面我将解说"（B）调整光色型"的修辞技巧。

15　修辞技巧（B-1）比喻法：此物比作他物，丰富形象

比喻法是指把表达对象比喻成其他事物，便于理解或丰富对象的形象。

比喻的形式多样，既有明喻，如直言"好比……"，也有暗喻，如"恋爱是盲目的"。二者的区别很好理解，这里不做详细分析。

比喻法和动摇式发问中的"比喻"式释义意思相近。"比喻"式释义是提问要求对方以比喻的形式更换措辞，如"你的职场课题可比喻成什么疾病或伤痛？"而发问修辞技巧的"比喻法"则是把问题中的部分措辞以比喻形式表达，以改变问题给人的感受。

下面我们试着调整"询问意愿"这种简单的问题形式，如"你希望自己在这家公司的工作状态是怎样的？"

"你希望自己在这家公司的工作状态是怎样的？"
→"在公司这个**舞台**，你希望做出怎样的工作表现？"
→"在公司这艘**船**上，你希望展开怎样的旅程？"

比喻法的核心是把问题中的某个事物，表述为性质相同的其他事物。就"公司"的性质而言，如果认为公司是"人才施展才华的地方"，希望了解对方对自己的工作有何期待，那么以"舞台"作比喻，就能生动地体现出提问者对公司性质的认识。或者，如果认为"公司"是"抵御动荡的外部环境的组织"，希望了解对方是否愿意携手并进、克服困难，那么以"船"作比喻更为妥当。

所以，基于提问意图，以类似性质的"其他事物"作比喻，可以给人更加生动具体的感受。

有人伶牙俐齿，有人笨嘴拙舌。这种修辞方法虽然不好掌握，但只要有意识地勤加练习，任何人都能熟练使用。

16 修辞技巧（B-2）拟人法：以拟人赋予问题情感

拟人法是**把物比作人**的修辞技巧，也是比喻法的一种。比如下面的示例：

"如果你是总经理，会如何有效利用公司这个已经被淘汰的技术？"

这个问题聚焦已遭淘汰的"司内技术"，并寻求重新利用的可能。为促使对方切身思考，以经营者眼光看待该问题，提问中加入了假设法，即"如果你是总经理"。但是，这样的问题表述稍显无趣，可能很难唤起对方对过时技术的"同情"。

所以，我将试着以拟人法调整对"司内技术"的形容。

"如果你是总经理，你会如何利用公司这个**伤心流泪**的技术？"

"如果你是总经理，你会如何利用公司这个**已自信全无**的技术？"

"如果你是总经理，你会如何利用公司这个**落寞的**技术？"

"如果你是总经理，你会如何利用公司这个**希望自己'得到重用'**的技术？"

"伤心流泪""自信全无""落寞"这类拟人化表达，也许能唤起对方的"同情"和"鼓励"。"希望自己得到重用"这样的表达可给对方带来不同的感受，唤起积极性。这些问题都因拟人而注入了情感。

17 修辞技巧（B-3）通感法：以感受性表达刺激感觉

通感法是指在表达中加入与人类五感（视觉、听觉、触觉、味觉、嗅觉）相关的内容。

比如，相较于"这啤酒真棒！""这啤酒的最大特点是泡沫细腻，颜色金黄，非常醇香。入口稍苦但口感很好，最好入喉。"这样的表达增加了与五感相关的描述，听起来是否感觉更加可口？

设定问题时考虑感官刺激可使表达更丰富，尤其是"视觉"和"听觉"，它们的运用最为广泛。

▸ BEFORE "你三年后的职业目标是什么？"
▸ AFTER "三年后，你想在自己的职业道路上看到怎样的风景？"（视觉）

▸ BEFORE "如果你是用户，你希望对这个商品作何改善？"
▸ AFTER "用户看了这个商品会说些什么呢？"（听觉）

面对问题时，用脑思考并诉诸感受，可使思维更加发散。

18 修辞技巧（B-4）声喻法：增加拟声和拟态词，提高问题情绪浓度

声喻法是指表达时使用拟声和拟态词等表现声音和状态的词汇。比如"七上八下""抽抽搭搭""嗖的一声飞了过去"等。

如果问题比较严肃，容易使对方做出理性严谨的回答。此时，利用拟声拟态词稍加调味，可使问答氛围变得柔和。

"下半年的经营战略是什么？"

→"下半年应制定怎样的经营战略，才能'哗'地让人眼前一亮？"

"这项技术的潜能是什么？"

→"这项技术**亮闪闪**的潜能是什么？"

如此，只添加少许拟声或拟态词，就能增加问题的情感色彩。

最后我将解说"（C）缓和光亮型"的修辞技巧。

19 修辞技巧（C-1）缓叙法：利用否定，调节直接表达给人的感受

缓叙法是指**不直接表达，而使用否定形式表达**的修辞技巧。比如不说"讨厌"，而说"不喜欢"。

缓叙法的效果主要有两个。

第一，**委婉表达较直接或尖锐的言辞**，比如"有什么好想法吗？"这个问题就过于直接，也许会让对方感到压力。但是，把

"好想法"以缓叙法加以修辞，改为"有待改进的失败创意"，给人的感受就大不一样了。

"有什么好想法吗？"

→ "有什么**有待改进的失败创意**吗？"

第二，缓叙法反而能**强调原用词的分量**。比如"我们应完成的任务是什么？"这一问题虽然已有十足分量，但因为措辞简单，容易显得轻描淡写。而借助双重否定修改为"不能不完成的任务"，含义便得到了加强。再搭配"倒装法"，可进一步修改如下：

"我们应完成的任务是什么？"

→ "我们**不能不完成**的任务是什么？"

20 修辞技巧（C-2）婉转法：委婉表达强烈的负面信息

婉转法是**委婉表达以弱化负面信息**的修辞技巧。比如把"厕所"表达为"洗手间""卫生间"等。

婉转法一般用于缓和负面性词汇给人造成的不适。为激发团队潜能而提出的问题，一般很少会使用极其负面的词汇。

但是，在一些情况下，因为组织功能和立场的不同，一部分人熟悉的词汇给另一部分人可能会带来负面的感受。

比如，对管理层而言，"经营危机""赤字""破产风险"等词汇或许已经司空见惯。但对基层员工而言，这些词汇可能会令他们产生人生崩塌的恐怖感。

在管理层会议中或许可以提问:"为解决新冠疫情造成的经营危机,我们公司的产品需要增加什么新功能?"但在基层员工会议中就需要对此加以委婉修饰。

"为解决新冠疫情造成的经营危机,我们公司的产品需要增加什么新功能?"

→"为适应线上互动日益频繁的用户习惯,我们公司的产品需要增加什么新功能?"

又如,对人事部职员来说,"处理不称职员工"这种话也许稀松平常,但却可能令其他员工感到紧张。

"该如何处理远程办公中不称职的员工?"

→"为了让所有员工都能顺利适应远程办公,我们需要采取什么措施?"

发问如果对他人造成伤害,就和我们的目的背道而驰了。在提问前,务必要站在对方的立场,确认言辞是否过于尖锐。

21　不过分修饰,勿忘简洁

以上,我们已把问题修辞技巧分为三类,并具体解说了十种技巧类型。

为充分发挥发问的效果,读者朋友可以练习在发问时,根据对方的情况对问题进行适当修辞。

但是需要注意,一旦熟练掌握了这些修辞技巧,也许你会忍不住经常使用它们。而在问题中使用过多的修辞技巧，让问题显得华丽万千、五光十色，反而会让发问的焦点变得模糊。因此，把握好修辞的程度非常重要。

如果为了引起对问题的关注，而使问题冗长累赘，反而会让对方抓不住问题的焦点。所以，我们要注意**确认对方是否理解了我们的意图**，如果多次提问却未能让对方理解，就需要化繁为简了。好问题以简洁为美，切不可过分修饰。

5-3 ◉ 问后反馈,才是项目推动的开始

22 根据提问后对方当场的反应,明确必要的善后措施

即使顺利完成了引起注意、注重表达、顺利发问这一系列步骤,也不可立刻松懈。根据提问后对方当场的反应,确认发问是否有效也至关重要。

对方是否明白了你的意图?思考和交流是否更深入了?变化或改善是否如愿发生了?会出现怎样的观点碰撞呢?

发问后对方当场的反应大致可分为两种。

一种是"**毫无反应**"。精心准备的问题却得不到理想的回答,发问效果不尽如人意。原因是多种多样的,包括对方对问题的背景信息了解不够,认为事不关己缺乏热情,因某种原因答不上来,全然没理解问题等等。面对这种情况,应尽快**采取补救措施**,如"**补充信息**"或"**询问确认**",为对方提供回答的"垫脚石"。如果仍不奏效,就需要更换问题了。

还有一种情况是顺利**"得到回应"**,但也不可就此松懈。比如,你原本打算深挖对方的偏好,而对方却因顾虑社会规范或组织考评,表达的**观点应付敷衍**,而非**发自肺腑**。这种情况下,如果再深挖一些,或许就能让对方说出真心话。

如果对方的回答充分体现了自己的个性和偏好,那么你的发

问就是成功的。对于这种直面问题的态度,切记要给予积极反馈。

如果期待进一步的改善,再次进行"诊断","设定"下一个问题,有效发问的循环便可重新展开。

不同情况下的善后工作如下图所示。

基于提问后对方当场的反应所采取的善后措施示意图

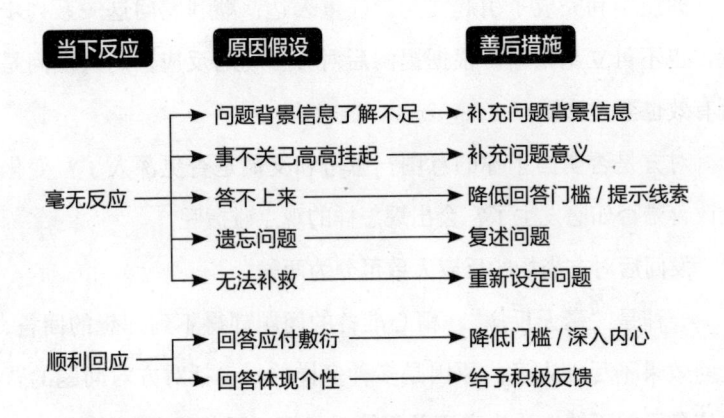

当下反应	原因假设	善后措施
毫无反应	→ 问题背景信息了解不足	→ 补充问题背景信息
	→ 事不关己高高挂起	→ 补充问题意义
	→ 答不上来	→ 降低回答门槛 / 提示线索
	→ 遗忘问题	→ 复述问题
	→ 无法补救	→ 重新设定问题
顺利回应	→ 回答应付敷衍	→ 降低门槛 / 深入内心
	→ 回答体现个性	→ 给予积极反馈

当发问后"毫无回应"时,应该如何为对方的回答提供"垫脚石"呢?下面我将详细解说六种善后措施。

为回答提供"垫脚石"的措施

1. 补充问题背景信息

2. 补充问题意义

3. 降低回答门槛

4. 提示线索

5. 复述问题

6. 重新设定问题

23　为回答提供垫脚石一：补充问题背景信息

常见的情况是，因为过于讲究问题的表达形式，导致对方忽略了重点，过于关注问题中的细枝末节。比如，假设式发问"如果你是总经理，面对即将到来的后疫情时代，你会如何管理这项业务？"面对这个问题，假设对方的回应是"唔……总经理的想法我不太清楚啊。"这个问题本意并不在于揣测现实中总经理的真实想法，对方如此回应说明问题的真实意图并未得到有效传达。

面对这种情况，应该尽快补充问题的背景信息。

具体做法是，推测对方未能理解或者误解的问题背景信息，并予以补充。如：为什么提出该问题、问题中某些词汇的定义、设定这类限制条件的原因、假设法或修辞手法的用意等。

以上述那个问题为例，我们可以为对方的回答提供这样的"垫脚石"：

"**并不是要求你推测总经理的真实想法**。我想了解的是，如果你不是基于自己现在的立场，而是**设想**自己作为肩负经营责任的管理者，你会如何看待这个问题？"

像这样补充限定条件的含义，明确提问的意图"并非揣测而是想象"，对方应该就能理解该问题的含义，从而开动脑筋思考了。

24　为回答提供垫脚石二：补充问题意义

当对方认为你的问题与他无关，并不放在心上时，就需要采取补救措施。

面对这种情况，应尽量激发对方的回答积极性。可以借助设定问题的基本规则再度提问，如"撩拨玩心，激发回答欲望"，也可以调整主语层次。

面谈可根据对方具体情况细致设问，但在多人会议中，发问对象只能是全体参会者。如果参会者个性多样，而问题措辞四平八稳，自然会削弱对具体个人的影响力，使部分人难以切身体会。

比如，在研发部门和营销部门共同参与的会议中，假设提问"如何有效利用公司这项已被淘汰的技术？"营销部门的员工不熟悉技术原理，对这个问题也许很难有切身感受。

这种情况下，可以补充说明该问题的含义，以及对对方有何意义，如"营销部门的员工也许对技术问题不太了解，但我希望各位基于消费者需求，探索这项技术的新价值"。基于对方的立场，向对方寄予期待，促进切身思考。

上述是"直接"补充意义的方法。另外，也有要求"间接"想象意义的方法。

组合多个问题设计会议议程时，主语层次的变化，有时会让参会者对问题产生距离感。面对这种情况，要让对方感受到自己与问题的关联，不直接说明问题的意义，也可以补充提问。补充的内容应能让对方感受到该问题对自己的意义。

比如，在交流"工作方式"的会议中，假设提问"你觉得'美好的工作方式'是什么样的？"这个问题的主语是"个人"，几乎所有参会者都会陈述自己的见解。但是，把主语提高到"社会"，如"在 20 年后的社会，美好的工作方式是什么样的？"参会者对社会层面缺乏见解，会议就彻底冷场了。

面对这种情况，虽然可以调整限制条件，但也可以尝试补充提问，如"20 年后，大家几岁了？"

这个问题并非期待对方的直接回答，而是引导对方想象"20 年后"的自己。"兴趣爱好、身体状况、家庭成员、生活方式发生变化，另外，技术水平、社会观念应该也有所改善"这样的念头，就会成为回答的"垫脚石"，引导对方想象"20 年后的社会"。如此一来，既能不改变"社会"这一主语，又能增强对方与问题的关联，促进切身思考。

25 为回答提供垫脚石三：降低门槛

即使对方正确理解了问题，也积极思考了，但未必能形成独立见解并流畅地表达出来。

答案已浮现在脑海，却因压力过大而"有口难开"。这种情况也很常见。因此，向对方补充说明，可有效降低发言的心理门槛，缓解压力。例如：

"就算不是好的提案也没关系。"

"想到什么就说什么,任何想法都可以。"

如果对方担心发言会影响自己"在组织内的评价",消除这类顾虑也可有效引导表达。运用本章提到的"共鸣"技巧,表达对对方心态的认同,可有效缓解对方的顾虑。例如:"也许有人担心古怪的言论会影响自己在组织内的评价,但请放心,绝不会有这种事(笑)。其实我倒更想听听'古怪的言论'呢!"

另外,也可以用"假设法"添加问题的限制条件,为对方回答提供垫脚石。

以"'美好的广告'是怎样的?"为例,该问题属于深挖模式下的"真善美"发问类型。因牵涉基础价值观,所以是一个复杂深刻的问题,对方也许思绪万千,却无法顺畅表达,言语支吾。

在这种情况下,可以尝试使用假设法"调整立场",例如:

"如果觉得不好回答,我们稍微调整一下视角吧。如果你是用户,你会如何回答呢?"

"这个问题牵涉较广,或许难以回答。如果你是设计师,你会如何回答呢?"

如上,认同对方"难以回答"的感受,同时以假设法增加限制条件,为对方回答提供垫脚石,从而降低表达难度。

在提问后的补救措施中,"降低门槛"是常用的技巧,建议务必要熟练掌握。

26 为回答提供垫脚石四：提示线索

有时难以回答只因线索不足。

比如，前述产品开发会议中，面对问题"如何有效利用公司这项已被淘汰的技术？"无论营销部门再怎么切身思考，如果对技术原理缺乏了解，也很难提出具体提案。

如果理解了问题的意图或背景信息，却因缺乏知识、信息、技术而无法回答。此时，最有效的方法是提供如下线索：

- 介绍其他公司的案例
- 介绍可供参考的思考框架
- 培训必要的技术知识
- 发放可供参考的数据资料

如果预见线索不足，也可在会议议程中增加背景知识说明的环节。

再者，如果只有特定的一部分人线索不足，可给予特别关照。以前述问题为例，可提前向营销部门员工提供技术相关的补充资料，并要求他们会前认真学习，了解技术知识再参与会议。这样，会议推进也将更加顺畅。

或者也可以在会议形式上下功夫，如安排两人一组，每组中研发人员和营销人员各一名，小组交流时可互相学习、补充各自的不足之处。

27　为回答提供垫脚石五：复述

回答者未必能一直记得最初的问题。

即使预先引起了对方的注意，也可能有人没听清楚问题，或者听是听了，苦思冥想的过程中也可能走神把问题忘了。

会议中，讨论越是热烈，话题越是分散，很多时候一不留神就偏离了预设的轨道。

就我自己而言，虽然在被提问的当下会留意倾听，但思考问题时思维发散，思路偏离轨道，导致遗忘原先的问题，这种情况时有发生。

这些情况有一个共同的有效解决方法，就是"复述问题"。简而言之，就是把问过的问题再次提出，或者在醒目处给予提示，保证对方的思考不偏离正轨。

在醒目处给予提示是最为有效的办法。发问后，把问题展示在随时可见的地方，如写在会议白板上，用幻灯片展示等。

复述问题时可以在原先问题的基础上补充信息，所以也可以与"补充背景信息""补充问题意义"等技巧搭配使用。

28　为回答提供垫脚石六：重设问题

如果上述补救技巧全不奏效，只能说明问题本身不好。在这种情况下，应中断对原问题的思考，考虑重新设定问题。

不过于纠结原问题，承认问题不够好并重设问题也是很重要的。例如："各位，看来这个问题不好回答，不好意思，我们换个问题吧，如果是这样的问题，会不会更好回答一些？"

如果无法立刻想到替代问题，可先搁置，重新"诊断"沟通情况。如"不好意思，请忽略刚才的问题""这个话题似乎不太好交流，我们先回到上个议程吧"。

或者，就问题的缺陷直接询问参会者，也能有效获得重组问题的线索。如"这个问题难在哪里？""为什么这个问题难以回答呢？""什么问题比较好回答？"

对方的回答也许令人意外，如"我对这个问题很感兴趣，但问题限定在'5年后'，我就不知道怎么回答了""这个问题和上周讨论的内容重复了，我想讨论更有前瞻性的话题"。这些意外线索看似微小，但是稍加参考，也可能一举激活会议氛围。

另外，"这个问题难在哪里？"这种询问问题缺陷的提问，它本身就能促进团队实现改善和突破。原因是如果预设的问题未知数或限定条件未能顺利发挥作用，就表示诊断阶段的判断存在遗漏，也许还潜藏着优化问题的重要线索。

下面我将就亲身经历的一个案例，详细说明这个情况。

29　参会者的反问动摇发问方成见

我曾在行政机关主办的一个地区会议上担任引导师。大约有

20个人参加会议,他们的年龄在20～90岁之间。会议主要讨论如何激活各个地区的经济。我提了几个以"个人"为主语的问题,引导参会者切身思考。成功破冰后,提出了以下问题:

"这个地区的'魅力'和'问题'是什么?"

这个问题使用了第4章的"成对提出积极形容词和消极形容词"的限定方法,意在追根溯源,深挖地域"偏好"。我要求参会者把"魅力"和"问题"分别用不同颜色的纸条列出,以明确区分参会者的多元视角和经验。问题虽然简单,却是这类地区会议中几乎不可避免的"固定问题",所以备受重视。

提问后,许多参会者都对这个问题给出积极回应,在纸条上填入具体的信息,如"植被覆盖率高""商业街卫生问题"等。但是有一个年长的男性,他面前的纸条纹丝不动,他抱着胳膊,眉头紧锁,神情困惑。在此之前他还是积极参与的,此时却突然这副模样。

是问题难以理解吗?我这样想着,假装向全员追加说明,尽可能把能想到的补救措施都做了。我向那名男子补充了问题的背景信息和意义,再追加了一句降低回答门槛的话。

"我希望能明确地区潜藏的资源,并将其运用于解决地区问题。"

"各位日常生活中的感想都会成为激活地区经济的线索。"

"再细微的事情都可以写,请把您想到的都写在纸条上。"

但是这些补救措施不仅没有消除那名男子的顾虑,反而火上浇油。他激动地对我怒喝道:"你觉得'地区'是什么?回答我!"

坦白说,我很震惊,也很困惑,不知道他为何生气。行政机关对我的委托要求是"召开会议，发现这个地区的问题和魅力，思考当地居民力所能及的行动"，我不过是忠实地执行这个要求。

难道因为我不是本地人，而且年纪轻、阅历浅，所以他看不惯？我断定他的勃然大怒是无理取闹，心头涌起为自己的立场和发问正名的念头，但又不能无视他继续推进会议。于是我暂且中断会议，战战兢兢地询问那名男子生气的原因。我使用了"追根溯源"中询问"别扭"之处的方法，试着问他："您对我的问题哪里感到别扭？"

一番了解下来，那名男子似乎是对会议的"地区"界定标准感到别扭。本次会议对"地区"的界定参考了官方的行政区划分标准，参会人员也的确都是同一个行政区的居民。但是，他们的住处、平时的生活圈、偏好的场所都不相同，不可能只生活在本行政区范围内。

我身为引导师，在推进会议时，把委托方行政机关管辖下的行政区等同于居民所认为的"地区"，擅自在地图上画出"无形的界线"。因为我把这样的问题背景强加于他们，这名男子才会对我发出那句怒喝："你觉得'地区'是什么？回答我！"

这件事令我受到极大震撼，也促使我反省，那名男子的怒喝并非"投诉"我，而是一句精彩的"发问"。事到如今，我才能冷静分析，那句话就是动摇式发问的"释义"设问法。

委托方、引导师、参会者三方对"地区"这一高频词汇的定义有所分歧，那名男子因此感到别扭，无意中发出了释义式的问题。多亏他这一问，动摇了我的"成见"，让我察觉到会议中应该尊重的"偏好"。

经此一问，我不再使用"地区"一词，并紧急调用了印有附近区域的大尺寸地图，重新设计会议议程，参照地图推进会议。那名发问的男子似乎也一扫郁闷，会议最终顺利结束。

30 有效发问重在保持谦虚的"学习"心态

虽然我研究发问技巧已有十几年，但时至今日，我精心准备的问题仍可能无法如愿发挥作用。

每每发问失效，我会因假设落空而沮丧，因意外事态而焦虑，因未察觉自身"成见"而羞耻。但是，经过上述案例以后，我开始积极看待挫折：发问失效之时，正是准确诊断沟通情况的好机会！

原本寄予厚望的问题意外失效，但失败的原因中潜藏着未经发掘的宝藏，也孕育着团队改进的突破性力量。

发问不是万能的，无论事先诊断如何精细，问题设定如何精心，那始终是你的"假设"。**不执着于精心准备的问题和自己的假设，谦虚接受沟通对象的回应，并从中反省自己的发问技巧和态度，这种"学习"心态至关重要。**

至此，已全部讲解了发问后"毫无回应"情况下的补救措施，即六种为回答提供垫脚石的技巧。

下面我将解说"得到回应"时的善后工作。

31 深入内心,引出真话

即使提问后顺利得到了回应,也需确认是否引导出对方的个性或偏好。

如果你是团队的领导,对方也许顾忌领导的职权,回答应付敷衍,而非表达自己的偏好和个性;或者对方顾虑社会规范,只说些并非发自肺腑的场面话。

如果你觉得对方的表达并非出自真心,前述给对方回答提供垫脚石的技巧中,"降低门槛"可有效缓解对方的压力,并尽可能引导对方表达真实意见。

要引导对方更多地表达真实意见,就需要往对方的内心更进一步靠近。对方之所以有口难开,可能与发问方的客套举止有关系。发问人客客气气,对方不知不觉也会产生距离感,言语自然应付敷衍。

深入内心的沟通,可以营造一个开诚布公畅所欲言的氛围。通过认同目前"难以表达真实想法"的心态,引起共鸣,并添加一些引导发言的措辞,如"老实说""坦白说""其实"等。例如:

"大家不要有顾虑,**老实说**,你觉得怎么样?"

"我想可能大家不太好表达真实看法,但**坦白说**,你觉得怎么样?"

"就算是负面观点也非常欢迎哦,**其实**你是怎么想的?"

另外,如果你是领导,也可以率先发表那些难以说出口的言论。会上讨论的提案无人敢于批评时,自己就率先发表批评;过度正经的讨论氛围难以打破时,自己先说个幽默的观点等。

这些方法也许未必适用于人数众多的会议，但对一对一面谈却十分有效，可以多多运用。茶歇时间、下班后聚餐、闲聊等细碎琐屑的场合，都可积极利用"外行发问"，开诚布公、不惧尴尬地提出问题，如"老实说，开会时很难说真话吧？""那场会议上你紧张吗？"进而向对方表示自己欢迎任何意见，希望对方畅所欲言，由此消除对方的顾虑。如此一来，也可有效引导对方表达真实看法。

32　对直面问题的态度给予积极反馈

如果通过上述精心设计的发问，对方如我们所愿发表观点，且观点中体现了自己的个性或团队偏好，那么发问就是有效的。

但是务必记住，**对于回答者直面问题的态度，应给予积极反馈**。苦思冥想得出的答案，没有得到任何回应就又抛来下个问题，回答者不免怀疑自己的回答是否不够好。或者感觉自己未被理解、认同，从而心生焦虑，并对回答问题感到徒劳无功，逐渐丧失热情。

在发问循环的尾声，应对对方的回答给予积极回应。但只需适度回应就好，如"很不错啊""我也这么觉得""原来还可以这样想""这个观点很符合你的风格啊"等。不必非要给予详细的评价。

另外，有时候我们不得不在会议中提出一些"难以回答"的问题，如深入核心价值观的问题。在这种情况下，对于直面问题的行为给予积极回应是非常重要的，比如：

"你愿意直面这个难题,我很高兴。"

"谢谢你的表达。"

重点在于,不评价回答内容的好坏,而是积极肯定对方直面问题的态度和行为即可。

如果我们只重视那些能得到"好的回答"的问题,团队就会倾向于寻找"标准答案",倒退回工厂型组织。

如果提案能够解决问题、推动项目,提案者当然应该受到称赞。但是,对"正视问题,表达独立见解"的态度和行为予以持续肯定,有助于营造注重发问的氛围,这也是孕育工作坊型组织的重要前提。

COLUMN
熟习与实践知识

起初做菜必须看菜谱,渐渐地"凭感觉"就能做出来,然后做出越来越多"具有自己风格"的拿手菜。这种熟练掌握某种技能的过程,在心理学上叫作"熟习"(expertise),是一种学习的过程。在这个过程中,实践者让身体不断熟悉某种技能,直至不假思索便能运用。这些"技能"在学术上称为"实践知识(practical intelligence)",通过熟习熟练掌握实践知识的人称为"行家"(expert)。

心理学常把熟习分为"程序型熟习"（routine expertise）和"调适型熟习"（adaptive expertise）。

"程序型熟习"指的是掌握实践知识的过程。任何人应该都有这种体验，在领导或前辈的指导下，或者阅读指南及相关书籍，首先了解"基本做法"，根据既定程序，准确高效地执行直至熟练。

"调适型熟习"是指掌握实践知识、熟习执行程序后，结合实际情况，灵活应对复杂的课题和新挑战的过程。正如日本武道所说的"守破离"，把习得的"技能"彻底吸收，发展出个人风格，成为自己专长领域的"行家"，并不断学习，持续进步。

学习"发问"之初，不太可能发挥出卓越的观察眼光、拥有自己的风格、即兴发出切中要害的问题，或是善用修辞修饰问题。虽然起初难免费时，但认真模仿本书的实践知识，做到"程序性熟习"，是培养发问能力必经的过程。

等到逐渐熟悉执行程序，就可以根据团队情况调整做法，在实践中加入自己的想法，有意识地做到"调适型熟习"。

本书所讲解的终究是程序性的实践知识，各位读者朋友应以发问行家为目标，把这些知识彻底吸收，发展出"具有个人风格的心得"并加以运用。

| 后记 |

"问"出团队潜藏的魅力与才能

本书《小团队高效沟通手册》是一本"发问"实践指南,旨在讲解如何通过发问充分发挥团队潜能。在具体方法论方面,书中分别讲解了"诊断""设定""提出"这三个发问步骤。衷心感谢一直读到此处的读者。

前著《发问设计:引导创造性对话》于2020年6月在日本出版,该书畅销一时,收获颇多赞赏和奖项,令我欣慰之至。另一方面,对组织问题本质的深入研究,使我认识到原先研究成果的不足,它还不能为所有的职业经理人提供一份简易可用的实践指南。

本书基于这份自省,聚焦任何团队都有的"团队会议",尽可能顾及"易操作性",重新整理了我关于这方面的研究心得。

书名中使用"发问"而非"问题"也是有缘故的。"问题"一般是名词,常搭配动词使用,如"回答问题""提出问题"。我在前著中曾阐述过如何设计问题的重要性,但会议只是职场生活的一部分,只有半小时或一小时,时间极短,节奏极快。现场情况纷繁复杂,要改善团队情况,光靠优化"问题"是不够的,还需要加入"诊断""提出"等一系列"行为"。基于这些实践经验，我才选择使用"发问"一词。

我想说的是，如果您已经从头一直读到了这里，希望您能从明天开始有所"行动"，无论行动如何微不足道，都希望您可以试着去"改变"团队。这个"愿望"是本书核心精神的体现，我再次强调它，以期对您的实践有所帮助。

所以，在本书的尾声，我将说明几个技巧，帮助您把学习本书的心得有效运用于改善团队。

① 先精心准备自己的发问

首先，请试着在下次会议中简单地实践学习"有效发问"的心得，可以先基于"基本规则"发问，看能否顺利引导团队成员表达。

或者在会议前制作"三角模型"，可只"诊断"团队的现状；或者在"六种有效问题类型"中，拣自己偏好的一种进行尝试；或者对自己常提的问题加以修饰，观察对方的反应。

不必要求自己立刻把所有技巧都熟练运用，请从容易上手的步骤开始，享受过程同时积极实践。

② 回应其他团队成员的发问

即使只提高你自己的"发问"能力，也能改变团队的关系状态或沟通质量，逐渐激发团队潜能。

但是，未必所有团队成员都理解"工作坊型组织"的含义和意义，积极发挥自己的潜能。在某些情况下，因过往的"工厂型"工作方式渗透已久，有些成员可能会无意中反复提出阻碍潜能发挥的"坏问题"。

应对这种情况的有效做法，除了精心打磨你自己的发问，还可以回应其他团队成员的发问。回应并非不假思索地予以否定，而是指出对方的提问存在的问题，与对方共同讨论替代方案，才能促成建设性的沟通。

比如，"这个问题太宽泛了，不好回答，要不要增加一个这样的限制条件？""这个问题的主语既有个人也有组织，不好回答，不如分成两个问题？"这种建设性的建议应该是提问方和其他参会人员乐见的。

③ 与团队成员分享"有效发问"

最直截了当的做法就是与团队成员分享"有效发问"的技巧和思路。尤其是当你无权制定会议议程时，让会议主持了解、熟习"有效发问"的技巧，也更易促成团队改变。

你用自己的语言总结本书的重点，再向主持会议的同事传授，这本身也是一种复习。或者直接把这本已留下你阅读痕迹的书交给对方，建议对方阅读亦可。

如果要覆盖全体成员，也可向领导建议，在团队内举办《小团队高效沟通手册》的学习会，学习会的形式有如下几种：

培训形式

由最早接触这本书的你负责担任"讲师"，把本书的精华部分做成 PPT，以培训形式向团队成员分享。培训包括讲授和问答，一个小时即可。

讨论形式

要求所有团队成员预习本书，再针对疑问展开讨论也是有效的做法。培训形式旨在"分享知识"，讨论形式则可以深入探讨实际问题的解决，更具实践性。如：如何在自己的团队实践有效发问？如何把有效发问运用于解决自己团队的问题？如果是由五名左右的成员组成的学习会，按如下议程推进会议，只要一个小时应该就能有所收获。

学习会议程（1 小时）

- 分享阅读心得：分享阅读本书的感想和疑问（每人 2 分钟，总计 10 分钟）
- 交流：针对上一环节中涉及的疑问各自表达看法（15 分钟）
- 讨论：讨论希望团队会议如何改变（25 分钟）
- 总结：决定下步具体行动和负责人（10 分钟）

轮读会形式

讨论形式虽然理想，但有时并非所有成员都能预先看完本书，这种情况下"轮读会"可有效应对。按章节分配负责人，每人阅读一章，再分享各自负责的内容。为提高分享效率，每人可把自己负责的部分简单总结再进行分享。因为需要在理解内容的基础上展开讨论，所以如果时间宽裕，最好确保两个小时左右的会议时间。

学习会议程（2小时）

- 分享阅读心得：分享自己负责内容的阅读心得和重点（每人2分钟，总计10分钟）
- 第1章背景知识讲解（10分钟）+答疑（5分钟）
- 第2章背景知识讲解（10分钟）+答疑（5分钟）
- 第3章背景知识讲解（10分钟）+答疑（5分钟）
- 第4章背景知识讲解（10分钟）+答疑（5分钟）
- 第5章背景知识讲解（10分钟）+答疑（5分钟）
- 讨论：讨论希望团队会议如何改变（25分钟）
- 总结：决定下一步具体行动和负责人（10分钟）

④ 团队全员共同讨论会议议程

如果已经通过③介绍的几种办法，让团队成员了解了《小团队高效沟通手册》的核心内容，为了真正激发团队成员的潜能，可让团队全员一起讨论日常会议的议程。

会议主持人可先向团队成员说明会议议程的草案，再询问众人意见，展开讨论，要求所有人以"有效发问"的思路讨论议程。

虽然这种办法乍看并不高效，但却能有效促进团队向工作坊型组织转型，营造促进激发团队全员潜能的氛围。我所经营的MIMIGURI公司在所有重要的会议上都使用这个方法。因为所有成员都理解了"有效发问"的重要性，所以他们畅所欲言，共同设定问题，如"分享心得环节的问题虽然有趣，但5分钟的回答时间可能有点紧张""讨论环节的问题有点过于侧重负面信息了，要不要调整一下措辞？"如此便能让所有团队成员都树立主人翁意识，每个人都认为自己是引导会议进程的一员，共同参与营造使团队潜能得以激发的"氛围"。

⑤ 发明团队独有的问题模式

最后我想说的实践形式是最高效且震撼的，就是由你所在团队的成员通力合作，发明一种独具团队特色的问题模式。

本书介绍了六种有效的问题类型，包括"外行发问""追根溯源""真善美""释义""假设法""破除偏见"。如果要再加一种，会是哪一种呢？我希望你能设计出最适合你团队的独特问题模式。

历史悠久的大企业常会形成独特的发问模式，彰显着企业的领导理念和积淀。

比如，丰田汽车公司有反复询问五次"为什么"的习惯，这种发问模式体现了该企业在发现问题时，希望彻查原因，防止再犯的严正态度。

又如艾杰飞人力资源集团的知名问题"你想怎么做？"这个问题在业务一线频繁出现，体现了该企业的理念——"尊重个人"。

这些问题能发挥作用，是因为牵涉到各自组织的理念或企业深层的积淀，其他企业原样照搬也未必能同样奏效。

同样，你的团队一定也有自己独有的发问模式。

"本书未经提及的,能改变你团队的'第七类问题'是什么?"

这是本书尾声我向您提出的最后一问,请务必借此机会加以思考。

衷心祝愿本书能帮助您的团队充分发挥潜藏的魅力与才能。

2021 年 11 月

安斋勇树